GUIDE VISUEL BASILIQUE DE

La Sagrada Familia

PHOTOGRAPHIES : CARLOS GIORDANO ET NICOLÁS PALMISANO

DOS DE ARTE EDICIONES

GUÍAS VISUALES GRANDES OBRAS

Table des matières

03

04

05

08

09

ESCOLES
10

01

LES ORIGINES DU TEMPLE

Les origines du temple

Un aperçu des événements de l'époque

À la fin du XIXème siècle, Barcelone était une ville en pleine industrialisation et qui bénéficiait d'une riche vie culturelle. Sa bourgeoisie promouvait des projets artistiques de tous genres, alors que l'esprit religieux prenait un nouvel essor. C'est dans ce contexte que naquit le temple de la Sagrada Familia : le rêve d'un barcelonais, Josep Maria Bocabella, qui, au fil du temps, devint le rêve de Gaudí et le symbole de la ville.

Le promoteur du temple

L'idée d'ériger un temple en l'honneur de la Sagrada Familia vint de Josep Bocabella, un libraire barcelonais. Être éclairé aux fortes convictions religieuses, Bocabella était le président de l'Association des Dévots de Saint Joseph. En 1872, il fit voyage à Rome pour offrir au Pape, au nom de l'association, une reproduction en argent d'un tableau de la Sagrada Familia. Avant de repartir pour l' Espagne, il fit escale dans le village italien de Loreto, célèbre pour sa basilique et qui abrite, d'après la tradition, la demeure où vécurent Joseph, Marie et Jésus. Bocabella, gardant un souvenir émerveillé de cette église, décida d'en construire une réplique à Barcelone. Il renonça cependant rapidement à cette idée, décidant de construire un temple nouveau et original.

Les armes de Barcelone
Symbole de la ville, l'on utilisa fréquemment cet écusson dans l'architecture de l'époque.

Le promoteur
José Maria Bocabella, mû par son dévouement envers Saint Joseph, voulut consacrer un temple à la Sagrada Familia.

L'esprit d'époque

Au XIXème siècle, la Catalogne vécut un renouveau culturel sans précédent, qui se reflète dans la spectaculaire augmentation de la production littéraire, artistique et, surtout architecturale. Ce mouvement reçut le nom de *Renaixença* (Renaissance), car l'on vivait alors une véritable résurgence des valeurs culturelles à un moment où l'on essayait également de rétablir la primordialité du catalan comme langue culturelle.

CHRONOLOGIE
ÉVÉNEMENTS CLEF DE L'ÉPOQUE DE GAUDÍ

1853
Otis invente l'ascenseur
L'inventeur Elisha G. Otis présente le premier ascenseur muni d'un système de sécurité anti-chute.

1865
Abolition de l'esclavage aux États-Unis
La fin de la guerre de Sécession aboutit à la libération des esclaves.

1867
Publication du 1er volume de *Le Capital*. Dans cet essai, Karl Marx effectua une dissection du système capitaliste.

1870
III République française. Le roi Louis Napoléon III abdique après la défaite de la France dans la guerre contre la Prusse.

La demeure de Loreto
La basilique de Loreto est le lieu où Bocabella prit la décision de bâtir un temple à Barcelone. C'est à l'intérieur de cette basilique que se trouve la demeure où vécurent Jésus, Marie et Joseph à Nazareth.

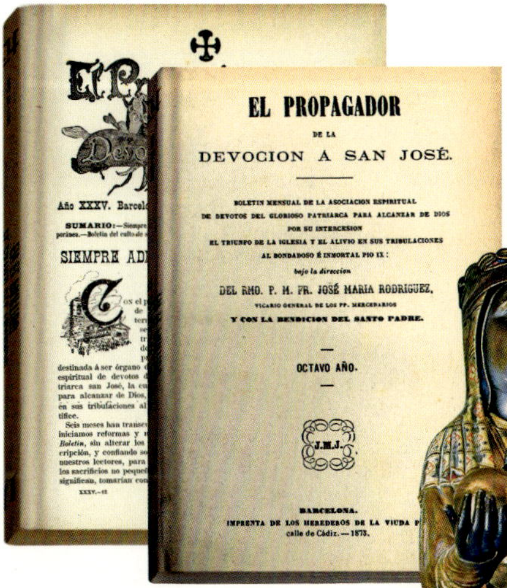

EL PROPAGADOR
DE LA
DEVOCION A SAN JOSÉ.
BOLETIN MENSUAL DE LA ASOCIACION ESPIRITUAL
DE DEVOTOS DEL GLORIOSO PATRIARCA PARA ALCANZAR DE DIOS
POR SU INTERCESION
EL TRIUNFO DE LA IGLESIA Y EL ALIVIO EN SUS TRIBULACIONES
AL BONDADOSO É INMORTAL PIO IX:
bajo la direccion
DEL RMO. P. M. FR. JOSÉ MARIA RODRIGUEZ,
VICARIO GENERAL DE LOS PP. MERCEDARIOS
Y CON LA BENDICION DEL SANTO PADRE.
OCTAVO AÑO.
J.M.J.
BARCELONA.
IMPRENTA DE LOS HEREDEROS DE LA VIUDA P
calle de Cádiz. — 1873.

El Propagador
El Propagador était la revue de l'Association des Dévots de Saint Joseph. En 1873, elle rendit publique pour la première fois l'idée de construire un temple.

La splendeur de la bourgeoisie

La Catalogne, Barcelone en tête, fut la région qui s'adapta le plus rapidement aux changements provoqués par la Révolution Industrielle. Tandis que le reste de l'Espagne continuait à être fondamentalement agricole se créait en Catalogne une robuste trame industrielle. Cette prospérité économique entraîna l'essor d'une bourgeoisie florissante, qui se convertit en promotrice, en tant que cliente ou patronne, de nombreux projets artistiques.

DONNÉES
INDUSTRIE TEXTILE DE CATALOGNE

L'industrie textile fut pionnière dans l'usage de la machine à vapeur.

Métiers	Manuels	Mécaniques
1841	24.880	231
1850	24.008	5.580
1861	12.026	9.695

1881
EST L'ANNÉE
Où la Vierge de Montserrat est proclamée patronne de Catalogne.

Un nouvel élan religieux

La ferveur religieuse de José Maria Bocabella n'était pas un phénomène isolé. La Catalogne vécut vers la fin du XXème siècle une vague de spiritualité intense et qui coïncida avec la célébration du millénaire du monastère de Montserrat (1880) et la proclamation de sa vierge en tant que patronne de Catalogne un an plus tard.

1874
Cézanne vend son premier tableau, *Maison du Pendu*. L'artiste fut ignoré à son époque et exposait à peine.

1875
Alphonse XII Roi d'Espagne
En exil depuis ses 11 ans, il récupère le trône pour les Bourbons.

1879
Edison invente l'ampoule électrique. Cette invention supposa la généralisation de l'éclairage électrique.

L'emplacement du temple

Une communion entre architecture et urbanisme

Bocabella conçut la Sagrada Familia comme temple expiatoire, finançant ce projet grâce aux aumônes des fidèles. Il entreprit lui-même de rassembler des dons afin d'acheter un terrain proche du centre dans le nouveau quartier de l'Eixample (« l'Élargissement »), mais son maigre budget l'obligea à en acquérir un plus éloigné. En 1881, il acheta le terrain d'emplacement du futur temple avec les 172000 pesetas (1034 euros) qu'il avait emmagasiné sous les dalles de sa librairie.

La ville s'étend

La Sagrada Familia fut témoin de l'expansion de Barcelone. Au début du XIXème siècle, la ville vit une explosion démographique sans précédents. L'industrie croissante attire des milliers de travailleurs et la ville, entourée d'une ancienne muraille, ne peut plus contenir ses habitants. La situation sanitaire devint très précaire et l'épidémie de choléra de 1854 accélére la décision d'abattre les murailles, ce qui finit par se faire entre 1854 et 1856.

Le temple de la Sagrada Familia en 1928
Sur cette photographie, l'on peut observer l'aspect des alentours du temple. Quand les travaux commencèrent, cette zone de l'Eixample était très éloignée du centre et il constituait un quartier encore en construction, habité par des ouvriers.

DONNÉES
HABITANTS DE BARCELONE

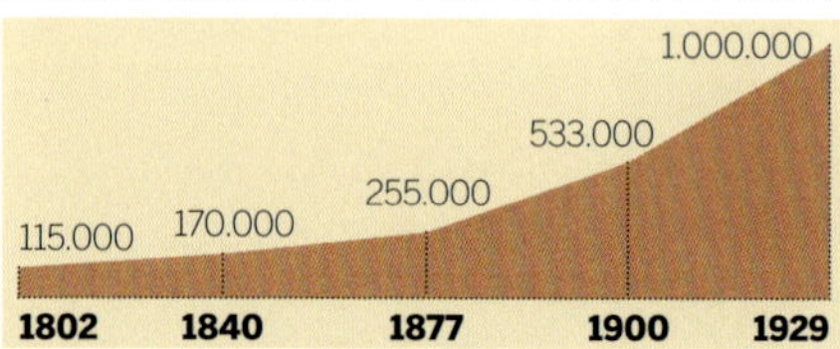

CHRONOLOGIE
ÉVÉNEMENTS CLEF DE L'ÉPOQUE DE GAUDÍ

1883
École de Chicago Après l'incendie de la ville en 1871 l'on commence à construire de nombreux gratte-ciels.

1887
Naissance de l'automobile. Karl Benz et Gottlieb Daimler lancent l'industrie automobile grâce au moteur à combustion.

1888
Création du syndicat UGT Cette organisation syndicale des ouvriers naît à Barcelone sous les idéaux marxistes.

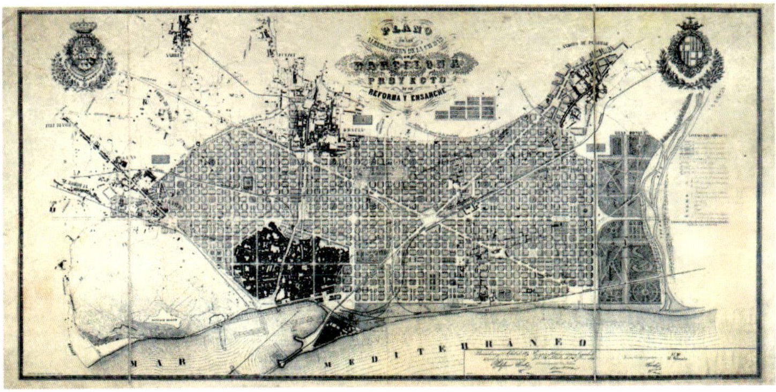

Projet de l' « Eixample » Ce magnifique projet d'expansion de Barcelone contribua à créer une ville plus égalitaire. Il fut conçu afin que chaque zone dispose de tous les services nécessaires aux citadins.

Cerdà, le créateur de l'Eixample Cet architecte et urbaniste rencontra de nombreux obstacles au début du projet, mais il réussit peu à peu à convaincre les plus incrédules.

L'Eixample Barcelonais

Bocabella sut dès le début que la Sagrada Familia devrait être située dans l'Eixample. Ce projet urbanistique, conçu par l'ingénieur Ildefons Cerdà, fut approuvé en 1859 et forme un vaste réseau de rues perpendiculaires et diagonales. Les pâtés n'étaient pas carrés, leurs angles étaient coupés de façon à former des chanfreins facilitant ainsi la visibilité. Pour chaque pâté il serait uniquement permis de bâtir de deux côtés, afin de réserver le reste à des jardins. Cerdà avait également prévu que chaque quartier disposerait de services communautaires, comme une école, un centre civique et un marché. En définitive, le projet d'une ville égalitaire, conçue pour le plaisir de ses habitants.

DONNÉES

DIMENSIONS DU NOUVEL EIXAMPLE

Surface approximative	1.500 ha
Dimensions du pâté	113 x 113 m
Superficie du pâté	1,24 ha
Largeur du trottoir	5 m
Largeur de la chaussée	10 m
Hauteur des bâtiments	16 m

1894
Invention de la radio
L'Italien Guglielmo Marconi est le premier à réussir à transmettre des signaux radio.

1895
Première projection cinématographique. Elle a lieu à Paris et est organisée par les frères Lumière, ses inventeurs.

1898
Indépendance de Cuba. Suivant sa défaite dans la guerre contre les États Unis, l'Espagne perd la colonie de Cuba.

1899
Fondation de F. C. Barcelone
Le Suisse Johan Gamper, résident de Barcelone fonde le club.

La première pierre est posée

Un temple naît sous le signe du néogothique

La date de naissance officielle du temple de la Sagrada Familia est le 19 mars, fête de Saint Joseph, de 1882. La pose de la première pierre fut un grand événement public auquel assistèrent toutes les autorités civiles et ecclésiastiques de Barcelone. Cette première pierre dut servir de base au temple conçu par le premier architecte de la Sagrada Familia, Francisco del Villar.

Le projet de Francisco del Villar

Quand Bocabella rejette l'idée de construire une reproduction de la basilique de Loreto, il charge Francisco del Villar, un architecte du diocèse qui, en 1887, s'était proposé pour réaliser gratuitement les plans du nouveau temple, de mener à bout ce projet. Del Villar propose une église néogothique, style en vogue à cette époque en architecture religieuse. Son projet consistait en une église composée de trois nefs, munie d'une vaste crypte et d'un clocher en forme d'aiguille.

Del Villar, l'architecte
Cet architecte du diocèse fut à l'origine du projet original et dirigea les travaux de la Sagrada Familia jusqu'à sa démission en 1883.

1882
EST L'ANNÉE où l'on pose la première pierre. Après la cérémonie commençèrent les travaux de la crypte.

CHRONOLOGIE
ÉVÉNEMENTS CLEF DE L'ÉPOQUE DE GAUDÍ

1900
Premier vol en dirigeable. Le comte allemand Ferdinand von Zeppelin invente cet appareil, plus léger que l'air.

1900
Freud publie *L'interprétation des rêves.* Dans cet ouvrage, Freud expose les bases des théories de la psychanalyse.

1903
Premier vol piloté Les frères Wilbur et Orville Wright inventent le premier avion propulsé par un moteur.

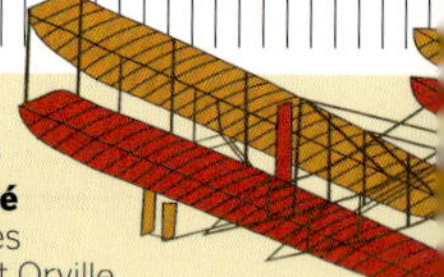

Dessin original du projet de l'architecte Del Villar
Francisco del Villar propose un temple muni de tous les éléments typiques du néogothique, comme les vitraux alvéolés, les contreforts extérieurs et le haut clocher en forme d'aiguille.

La façade
Les éléments les plus caractéristiques de la première façade, telle qu'elle fut projetée pour le temple, sont le clocher, les baies vitrées et les escaliers permettant l'accès, avec leurs cinq portes d'entrée.

La démission de Del Villar

Le poste de Francisco del Villar en tête du projet est éphémère. Peu après la construction des piliers qui devraient soutenir la crypte, comment les différends entre Del Villar et le conseiller technique de Josep Maria Bocabella. Del Villar veut construire les piliers à l'aide de blocs de pierre massive, taillée, alors que la direction défend un système bien plus économique qui consiste à ériger les piliers en pierre du côté extérieur et interne, remplissant l'espace creux de maçonnerie. Ces différends finissent par être définitifs et en 1883, Bocabella accepte la démission de l'architecte Del Villar, de crainte de rester sans fonds pour la suite du projet.

La première pierre. La cérémonie de la pose de la première pierre est un grand événement dans la ville et fait beaucoup de bruit dans la presse.

1905
Einstein énonce la théorie de la relativité. Le scientifique allemand révolutionne les concepts classiques de la physique.

1908
Auguste Rodin sculpte *Le Baiser*
Cette œuvre est, avec *Le Penseur*, la plus célèbre du sculpteur français.

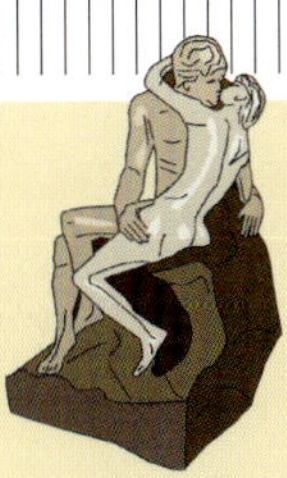

1911
Amundsen arrive au Pôle Sud. L'explorateur norvégien est le premier être humain à atteindre le pôle sud.

1914
Première Guerre Mondiale
Connue sous le nom de la Grande Guerre, elle dure jusqu'à 1918 et implique 32 pays.

Gaudí reprend les travaux

L'arrivée du jeune architecte donne de nouveaux airs au temple

Suite à la démission de Francisco del Villar, Bocabella proposa à son conseiller technique de prendre la tête des travaux. Celui-ci refusa, mais proposa cependant la mise en charge d'Antoni Gaudí, l'un de ses collaborateurs. Gaudí était un jeune architecte qui, à 31 ans, avait déjà fait ses preuves et démontré ses excellentes qualités. Gaudí fut rapidement bien au delà de l'ancien projet et le convertit en une œuvre maîtresse universelle.

Les premières interventions de Gaudí

Enthousiasmé par le projet, Antoni Gaudí devient l'architecte officiel du temple le 3 novembre 1883. À ce moment, la construction des colonnes de la crypte, dessinées par Del Villar, a déjà commencé et l'une des premières interventions de Gaudí est de les transformer, les dotant de chapiteaux naturalistes. Les premiers plans de la Sagrada Familia signés par Gaudí datent de 1884 et projettent la chapelle de Saint Joseph, située dans la crypte du temple. Sa construction est rapide et le 19 mars 1885 l'on célèbre la première messe sur son autel. Cela dit, la crypte ne s'achève qu'en 1891, laissant de côté la décoration de certaines chapelles.

Antoni Gaudí
Quand il assume la direction du projet de la Sagrada Familia en 1883, Gaudí n'est qu'un jeune architecte sans beaucoup de bâtiments à son actif, mais il est déjà célèbre pour sa grande énergie et son originalité.

CHRONOLOGIE
ÉVÉNEMENTS CLEF DE L'ÉPOQUE DE GAUDÍ

1916
Naissance du Dadaïsme
Ce mouvement artistique naît comme critique de la culture occidentale.

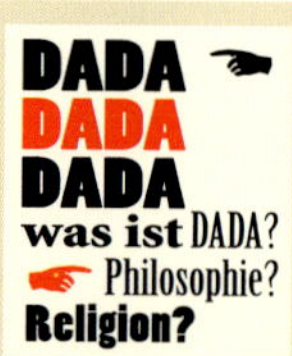

1917
Révolution Russe
Suite au renversement du Tzar, la Russie se convertit en un état soviétique dont Lénine fut le premier président.

1918
Fin de la Grande Guerre. La capitulation allemande met fin à la guerre où périssent près de 10 millions de personnes.

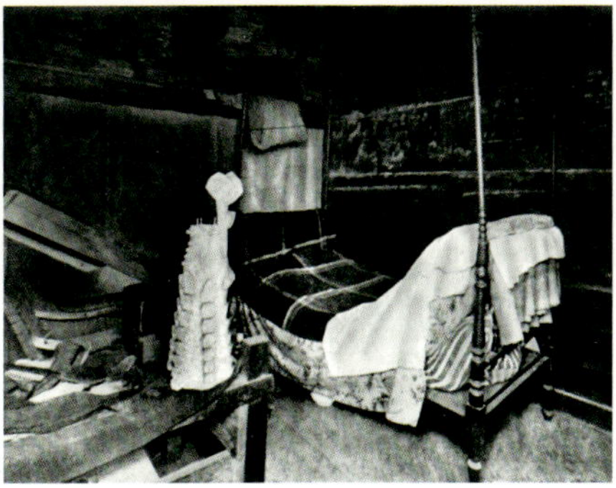

Lit de Gaudí dans le studio du temple

Antoni Gaudí montre les travaux du temple, 1915

L'impromptu de Gaudí

Peu après avoir accepté la mission, Gaudí élabore un plan initial du temple. Ce plan était limité par la base de la crypte, construite selon l'ancien projet, ceq ui l'empêche de réaliser tous les changements qu'il souhaite effectuer. L'un d'entre eux consiste à ériger le temple à la diagonale par rapport au sol, afin d'orienter toute la façade de la Nativité vers le lever du soleil et la façade de la Passion vers le coucher.

Lampadaire de la Plaça Reial
De style moderniste, Gaudí dessine ces lampadaires sur la demande de la Mairie de Barcelone.

Biographie d'un génie

1852
Gaudí naît dans la province de Tarragone.

1868
Il déménage à Barcelone pour étudier l'architecture.

1875
Il commence son Service Militaire dans l'Armée d'Infanterie.

1876
Décès de sa mère.

1878
Il achève ses études en architecture, dessine les lampadaires de la Plaça Reial et du Pla del Palau, commandés par la municipalité, fait la connaissance d'un certain Eusebi Güell, qui deviendra son ami et mécène et se présente à l'Exposition Universelle de Paris de 1878.

1883
Commencement des travaux d'El Capricho, à Comillas, et de la Casa Vicens de Barcelone. Assume la direction des travaux de la Sagrada Familia.

1886
Commence la construction du Palau Güell.

1900
La Casa Calvet, conçue par Gaudí, reçoit le prix de la Mairie au meilleur bâtiment. Le Park Güell est commencé.

1904
Il reçoit la mission de remodeler la Casa Battló.

1905
Pere Milà le charge de construire sa demeure, *La Pedrera*.

1906
Il déménage dans une maison du Park Güell avec son père et sa nièce. Quelque mois plus tard, son père expire, à l'âge de 93 ans.

1910
Affectation à la construction d'un hôtel à New York.

1911
Souffrant de la fièvre de Malte, il déménage à Puigcerdà, où il rédige son testament.

1912
Décès de sa nièce.

1914
Les travaux du Park Güell sont interrompus.

1918
Décès de son grand ami et mécène, Eusebi Güell.

1925
Il déménage à la Sagrada Familia.

1926
Le 7 juin, il est renversé par un tramway. Il meurt trois jours plus tard à l' hôpital de Santa Cruz, âgé de 74 ans.

1919
Gropius fonde le Bauhaus. Cette école d'architecture allemande est l'une des plus influentes de l'art moderne.

1922
Mussolini, chef du gouvernement Suite à la dénommée Marche vers Rome, les fascistes prennent le pouvoir en Italie.

1923
Dictature de Primo de Rivera Ce militaire mène le coup d'état et dirige l'Espagne jusqu'en 1930.

1926
Naissance de la télévision. L'Écossais John Logie Baird est le premier à transmettre des images en mouvement.

LES ŒUVRES LES PLUS IMPORTANTES DE GAUDÍ

Universel et rénovateur, Gaudí laissa derrière lui un héritage architectural qui captive encore aujourd'hui grâce à l'originalité de ses ressources techniques et esthétiques.

Gaudí se promenant dans le Park Güell

Temple de la Sagrada Familia. Synthèse de sa carrière, cette œuvre en représente le point culminant. Elle est aussi celle à laquelle il se consacre jusqu'à sa mort.

Propriété Güell
Celle-ci estla première commission d'Eusebi Güell. Elle se trouve à Barcelone.

Casa Vicens
Construite entre 1883 y 1888, elle représente le premier projet d'envergure de Gaudí.

Palais épiscopal
La résidence de l'évêque d'Astorga (Léon) s'inscrit dans le style néogothique.

1883 1884 1885 1888 1889 1890 1892

Le Caprice
Gaudí fonda cette maison dans le style du Moyen Âge, avec l'exubérance des palais de l'orient. Elle est située près de Santander.

Palau Güell
Situé au cœur de Barcelone, il s'agit ici d'une œuvre d'une grande sobriété.

Casa Botines. Situé dans la province de Léon, ce bâtiment est un clair indice de l'étape gothique de Gaudí.

Collège de l'ordre des Thérèsiennes
Salles d'enseignement destinées au collège se trouvant à Barcelone.

La Pedrera Un autre chef d' œuvre de Gaudí. Les détails les plus frappants sont sa façade sinueuse et les cheminées du toit.

Casa Batlló Un exemple singulier de l'architecture organique de Gaudí. Sur sa façade polychromée, les balcons semblent pendre comme des nids d'oiseaux.

Église de la Colonie Güell De celle-ci, seule la crypte fut construite. Gaudí y appliqua de nombreuses innovations techniques.

1895 1898 1900 1906 1907 1909 1914

Caves Güell. Celles-ci son situées à Garraf, une commune proche de Barcelone.

Casa Calvet Gaudí lui attribua un air sobre et raffiné. Elle reçut le prix du meilleur bâtiment en 1900.

Park Güell. Il est conçu en tant que projet de cité-jardin. Gaudí y mélangea des éléments architecturaux, ornementaux et la nature, avec la ville de Barcelone en toile de fond.

Bellesguard Gaudí voulut, avec cette maison de campagne, évoquer le passé glorieux de la Catalogne u Moyen Âge.

02

LE PROJET DE GAUDÍ

LE PROJET DE GAUDÍ

À la recherche du temple idéal

Antoni Gaudí réunit dans le temple de la Sagrada Familia tous les symboles du christianisme.

Antoni Gaudí vit dans l'assignation du temple de la Sagrada Familia une occasion d'explorer la totalité de son potentiel architectural et de réussir là où tous ses prédécesseurs avaient échoué pendant des siècles : la construction du temple idéal. Cet objectif en tête, il concentra tous ses efforts pour s'assurer que l'ensemble du temple soit en parfaite harmonie avec sa mission finale, qui n'était autre que la célébration des rites liturgiques. C'est dans ce but qu' il innova toutes ses ressources architecturales et artistiques pour qu'elles s'adaptent parfaitement à la pratique du culte religieux. Au fil des années, et mû par son grand désir de perfection, Gaudí continuait à acquérir de solides connaissances religieuses, ce qui ne faisait que renforcer sa foi croissante. Il devint ainsi expert en thèmes liturgiques, ce qui se reflète dans les moindres recoins du temple. Gaudí se représente la Sagrada Familia comme une authentique Bible de pierre où seraient racontés l'histoire et les mystères de la foi chrétienne. L'extérieur du temple représente l'Église, au travers des apôtres, des évangélistes, de la Vierge et des saints. La croix qui domine la tour principale symbolise le triomphe de l'église de Jésus et les façades, les trois moments culminants de la vie du Christ : sa naissance, sa mort et sa résurrection. L'intérieur fait allusion à l'église universelle, et la croisée, à la Jérusalem Céleste, symbole mystique de la paix. En définitive, Gaudí réussit à combiner son génie artistique et sa croyance, faisant ainsi du temple de la Sagrada Familia un chef d'œuvre universel.

Gaudí à trente-six ans

Le Temple de Gaudí

***Un projet unique au monde.** Gaudí à la tête de ses travaux, la Sagrada Familia gagne du prestige, autant grâce à sa structure révolutionnaire qu'à la complexité de son système symbolique.*

Situation et alentours

Gaudí voulait que la Sagrada Familia se convertisse en un centre d'attraction et c'est dans ce but qu'il conçut un plan urbaniste qui consiste d'une place en étoile à huit branches, ce tracé permettant à ses visiteurs d'observer simultanément, à partir de leur angle de vision, le dôme central, de 170 m de haut ainsi que deux des façades. Le coût des terrains étant extrêmement élevé, Gaudí dût opter pour un tracé plus restreint consistant d'une étoile à quatre branches.

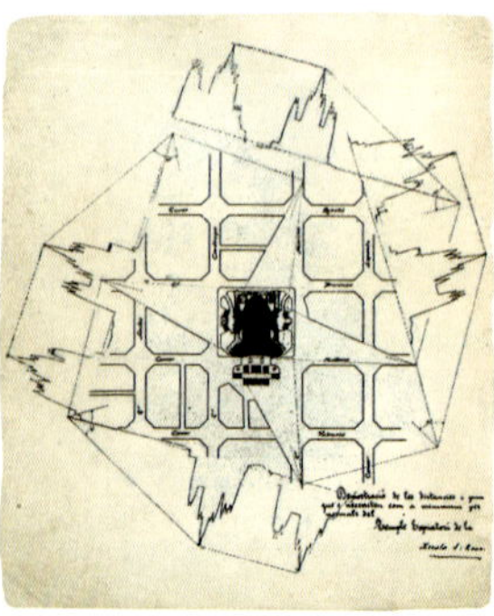

Second projet du plan urbanistique de Gaudí. La place à quatre branches permet de distinguer la silhouette tu temple depuis chaque sommet.

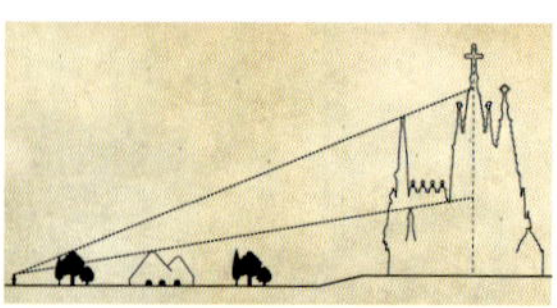

Étude de l'angle de vision. Le temple fut conçu d'après la façon dont il serait vu par les passants.

L'architecte devant son temple
Gaudí montre les travaux du temple de la Sagrada Familia à l'infante Paz.

PROCÉDÉ
PROJETS ANTÉRIEURS AU TEMPLE

Le temple de la Sagrada Familia a comme antécédents évidents deux projets préalables d'Antoni Gaudí.

1892
Les Missions de Tanger
Ce projet, qui ne fut jamais exécuté, contenait déjà l'élément si caractéristique de la forme des tours.

1898
Colonie Güell
Avec cette église, Gaudí commença à expérimenter en matière de coupoles, de voûtes et de colonnes.

1902
La Sagrada Familia. Elle représente le recueil de tous les essais et innovations des projets antérieurs.

TOUR DE JÉSUS
La plus élevée d'entre toutes, elle est couronnée d'une croix de 15 mètres.

TOUR DE LA VIERGE MARIE
Située au dessus de l'abside du temple.

TOUR DES ÉVANGELISTES
Elles portent les symboles des quatre évangélistes : l'Ange, le Bœuf, le Lion et l'Aigle.

CLOCHERS
Ceux-ci sont dédiés aux douze apôtres de Jésus et atteignent 118 mètres de haut.

SACRISTIES
Elles sont deux et sont situées des deux côtés de la façade de l'abside.

FAÇADE DE LA PASSION
Elle représente la souffrance de la Passion du Christ.

> "Tout le monde trouve du sien dans le temple. Les paysans y voient des poules, les scientifiques les signes du Zodiaque, les théologiens la généalogie de Jésus..."
>
> Antoni Gaudí

Esquisses et maquettes

Suivant le concept général du projet, Gaudí réalisa les plans du temple en grands segments. Il se servit de maquettes, de plans et de dessins qu'il gardait dans son atelier, afin de résoudre les problèmes techniques qui se présentaient. Malheureusement, ces plans furent brûlés pendant la révolte de 1936, mais les modèles de plâtre survécurent et furent restaurés après la Guerre Civile.

Étude d'ensemble, 1902. Afin de pouvoir évaluer l'effet esthétique des formes et volumes, Gaudí se servait de dessins.

Façade de la Passion, 1911. Gaudí laissa les plans des façades sous forme de dessins et de maquettes.

Maquettes. Afin de voir ses projets de façon plus réaliste, Gaudí élaborait des maquettes du temple (1:10 et 1:25).

Une œuvre grandiose

Plus près de Dieu. *La solennité du temple projeté par Gaudí requérissait de gigantesques dimensions. Les nombreux pinacles et tours devraient être plus proches du ciel que n'importe quel autre édifice de la ville.*

Le plan
Le temple de la Sagrada Familia est construit en forme de croix latine, de 94 mètres de long et 60 de large. La nef principale est composée de cinq nefs : l'une, centrale, de 15 mètres de large et 45 mètres de haut, et deux nefs latérales de chaque côté. Les bras de la croisée correspondent à deux des façades : celle de la Nativité et celle de la Passion. Il existe une troisième façade, celle de la Gloire, située au début de la nef principale. L'abside, de forme lobulaire, est formée de sept chapelles, sous lesquelles se trouve la crypte.

Vue de l'Abside

Pinacles
Les tours finissent en pinacles ornés de mosaïques polychromes de couleurs vives et brillantes.

Façade de la Nativité. Selon les plans de Gaudí, les alentours du temple devaient être constitués de jardins, permettant une meilleure visibilité.

14.000
PERSONNES
La capacité d'accueil totale du temple lorsque la liturgie sera célébrée.

4.500
MÈTRES CARRÉS
La surface qu'occupe l'ensemble des enceintes du temple de la Sagrada Familia.

170
MÈTRES
La hauteur de la tour centrale dédiée à Jésus, la plus élevée du temple à cause de son importance symbolique.

CHAPELLE DE L'ASCENSION
Elle sera consacrée à la fête de l'Ascension de la Vierge.

ABSIDE

SACRISTIES
Il y en a deux, situées de chaque côté de l'Abside.

CLOÎTRE
Il entoure entièrement l'ensemble des enceintes qui forment la Sagrada Familia.

FAÇADE DE LA PASSION

BAPTISTÈRE

LA CRYPTE
Située sous terre, c'est la partie de temple que conserve le plus d'éléments néogothiques. Elle sert actuellement de paroisse du quartier.

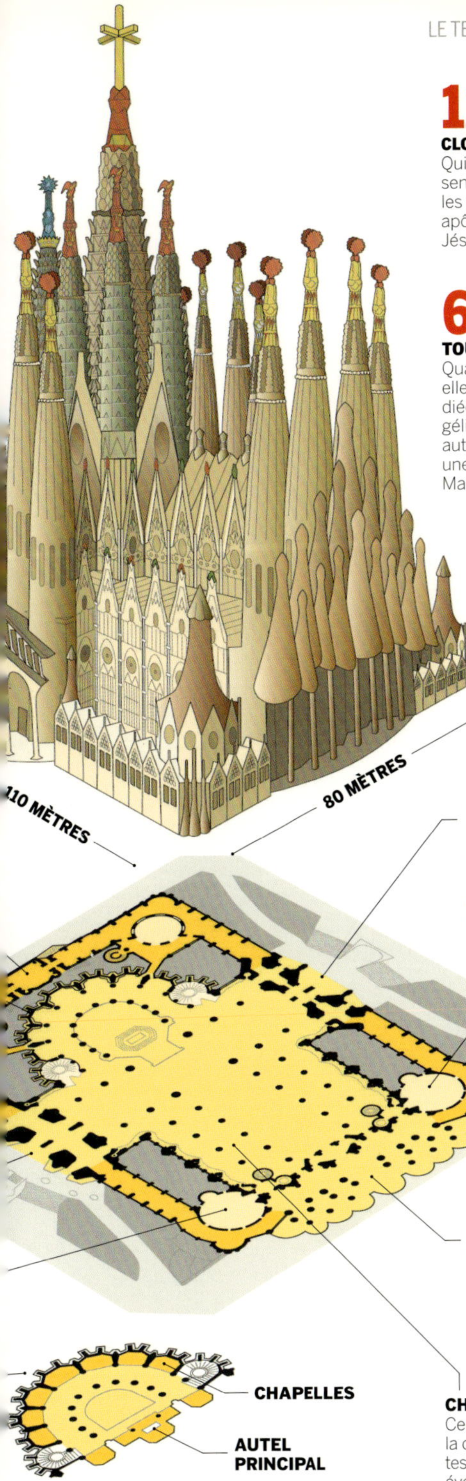

CHŒUR
Celui-ci accueillera la chorale des adultes lors des grands événements.

12
CLOCHERS
Qui représentent les douze apôtres de Jésus.

6
TOURS
Quatre d'entre elles sont dédiées aux évangélistes, une autre à Jésus et une dernière à Marie.

La hauteur du temple

Gaudí reprit pour la Sagrada Familia la verticalité tant prisée pour les cathédrales de Moyen Âge. Ces constructions se dressaient au dessus des bâtiments civils, ce qui leur octroyait d'autant plus de majesté et de mysticisme. Suivant cette idée, Gaudí attribua une plus grande prépondérance à la hauteur par rapport au reste des dimensions. La tour la plus élevée du temple, dédiée à Jésus, atteindrait 170 mètres. De cette façon, Gaudí s'assurait de la visibilité de son œuvre depuis n'importe quel endroit de la ville.

COMPARAISON
DIMENSIONS DU TEMPLE

L'ensemble de la Sagrada Familia occupe une superficie semblable à celle d'un terrain de football de grande taille. (120 x 90 mètres).

Structure

Le projet global. *Dans la Sagrada Familia, Gaudí réunit et perfectionna les innovations et découvertes de sa carrière en tant qu'architecte. Grâce à sa conception structurale, le temple représente la culmination technique et artistique de son auteur.*

Les proportions du temple

Gaudí conçut le temple d'après des proportions générales qui sont répétées dans chaque partie du bâtiment. La base de ces proportions est fondée sur l'unité, la moitié et le tiers. L'intérieur du temple, par exemple mesure 90 mètres de long (unité), 60 mètres de large (deux tiers) pour la croisée et 45 mètres de large (moitié) pour les nefs.

DONNÉES
DIMENSIONS INTÉRIEURES DU TEMPLE

Largeur nefs	45 mètres
Hauteur nef centrale	45 mètres
Largeur nef centrale	15 mètres
Hauteur nef latérale	30 mètres
Largeur nef latérale	7,5 mètres
Longitude nefs	90 mètres
Séparation colonnes	7,5 mètres
Largeur transept	30 mètres
Hauteur voûte du croisé	60 mètres

Modulation du temple
La modulation est la base sur laquelle le temple fut fondé et elle fut utilisée afin d'établir les différentes proportion du site et la disposition des différents éléments qui la constituent.

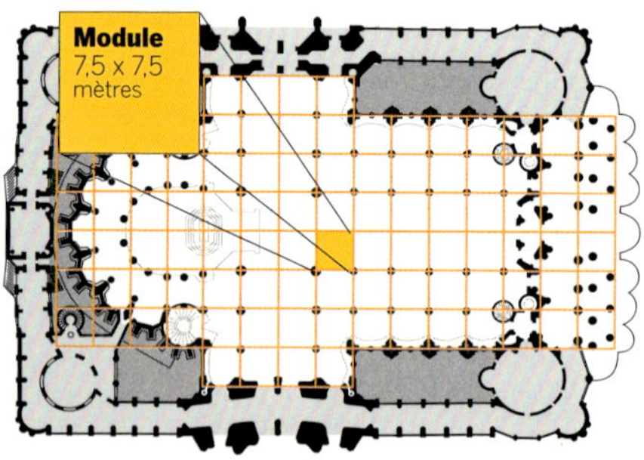

L'atelier de Gaudí. Gaudí consacra la totalité des dernières années de sa vie à la Sagrada Familia. Cet atelier est celui où il travaillait. Il se trouvait dans l'enceinte du chantier, tout comme la chambre où il s'installa.

Section des nefs
Les colonnes sont inclinées pour s'adapter aux lignes de force. Grâce à cette forme et aux ramifications, les colonnes, malgré leur apparente fragilité, peuvent soutenir tout le poids de la structure.

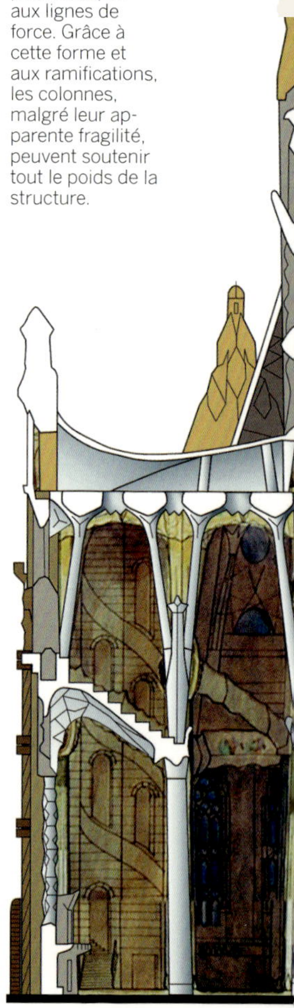

Solution révolutionnaire

Avant Gaudí, l'architecture gothique était le style qui permettait d'atteindre les hauteurs les plus importantes en utilisant les éléments de support les plus légers, mais l'on continuait à utiliser des contreforts qui soutenaient le poids de l'extérieur. Gaudí voulait construire un temple sans contreforts.

Antoni Gaudí

“Le Temple représente l’édifice par excellence ; après lui il n’y a plus que la maison”

Il rechercha donc des solutions techniques que les styles antérieurs n’avaient pas trouvées. Il finit par concevoir une nouvelle méthode qui consistait à étudier les poids pour mieux adapter les éléments individuels au soutien des charges, d’où les formes curieuses qu’adopte le temple avec ses colonnes inclinées et voûtes hyperboloïdes.

Colonnes
Les colonnes utilisées par Gaudí sont inspirées des arbres. Elles sont légèrement inclinées et se ramifient vers le haut afin de soutenir les voûtes.

Le calcul de la structure

Gaudí calculait d’abord le poids des éléments de l’édifice, puis il construisait une maquette avec des cordes dont pendaient des sacs munis de poids afin de simuler la forme inversée du bâtiment. Ces cordes formaient des arches, dénommés funicules, qui suivaient les lignes de forces de la structure. Ensuite, il les photographiait et obtenait la structure en retournant les images.

Funicule
Les arches funiculaires de Gaudí furent réalisées en plaçant des poids le long de la corde.

Modèle funiculaire de l’église de la Colonie Güell
Avant d’appliquer l’arche caténaire à la Sagrada Familia, Gaudí développa cette méthode lors de la construction de la Colonie Güell.

COMPARAISON

NOUVELLE ARCHE CRÉÉE PAR GAUDÍ

Arche Romane
Celle-ci soutient des poids importants mais il faut des contreforts ainsi que d’épaisses parois afin d’éviter qu’elle ne s’effondre. C’est pour cela qu’elle permet uniquement la réalisation de fenêtres de petite taille.

Arche Gothique
Celle-ci permet d’atteindre de plus grandes hauteurs, ainsi que des fenêtres de taille plus importante pour laisser entrer la lumière, mais il est encore nécessaire d’utiliser des contreforts pour éviter l’effondrement des constructions.

Arche de Gaudí
L’arche caténaire, ou funiculaire, permet d’atteindre de grandes hauteurs et de créer de grandes fenêtres sans le besoin de contreforts, car sa forme permet la décharge du poids sur lui-même.

LA SAGRADA FAMILIA ET AUTRES TEMPLES

Lorsque les travaux seront définitivement achevés, la Sagrada Familia dépassera en hauteur les édifices religieux les plus emblématiques du monde.

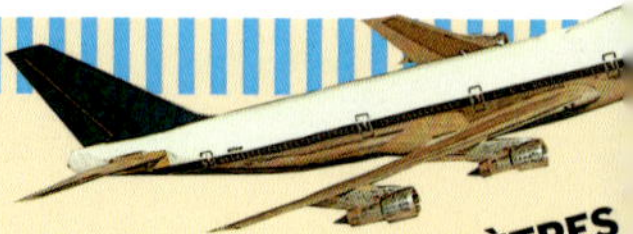

70,66 MÈTRES

Boeing 747
L'un des plus grands avions du monde.

137 MÈTRES

110 MÈTRES

69 MÈTRES

Cathédrale de Notre Dame
Paris

Archétype de l'église gothique médiévale, sa construction commença en 1160 et s'acheva en 1255.

Cathédrale de Saint Paul
Londres

Construite en 1710, elle représente l'un des temples les plus importants de l'église anglicane.

Basilique de Saint Pierre
Cité du Vatican

Sa construction commença en 1506. Son design fut l'œuvre d'architectes tels que Bramante, Michel-Ange et Bernini.

Cathédrale de Cologne

Cologne

Gaudí éprouvait une grande admiration pour ce temple, considéré comme l'un des bijoux de l'art gothique. Ses travaux se prolongèrent pendant plus de six siècles : de 1248 à 1880. C'est dans son enceinte que reposent les restes des trois Rois Mages.

Temple de la Sagrada Familia

Barcelone

La Sagrada Familia dépasse en hauteur les temples les plus représentatifs. Il sera également l'un des plus spacieux, sa superficie totale, de 4500 mètres carrés, permettant d'accueillir plus de 14000 fidèles.

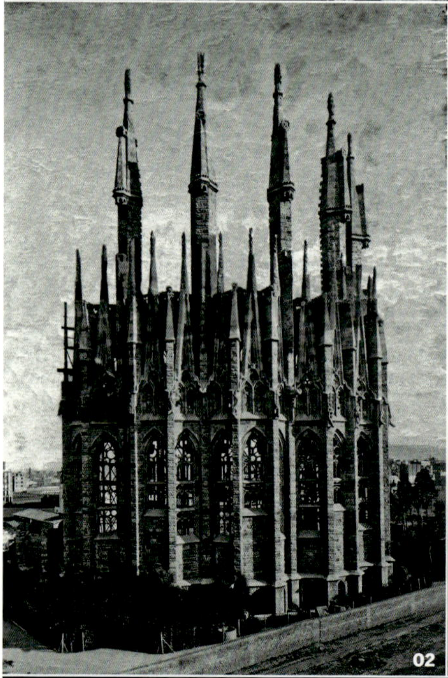

01. Façade de la Passion (1960). Construction des bases des clochers. **02. L'Abside (1893).** L'extérieur de l'Abside est achevé. **03. La façade de la Nativité (1897).** État des travaux 5 ans après leur commencement. **04. Placement du groupe de l'Assomption.** Les ouvriers du temple placent les sculptures sur la façade de la Nativité. **05. Façade de la Passion (1972).** Les tours atteignent 55 mètres. **06. Intérieur du temple.** Vue de l'espace intérieur du temple pendant les travaux de la façade de la Passion. **07. Porte centrale de la façade de la Passion.** La façade atteint 11 mètres. **08. La Sagrada Familia (1915).** Vue de l'Hôpital de Sant Pau. **09. Antoni Gaudí.** L'architecte avec certains membres de la Ligue Régionaliste.

05

06

07

08

09

03

LA CRYPTE

La crypte

La première partie du temple à être construite

La crypte est creusée dans le sol sous l'abside, entre les façades de la Nativité et de la Passion. Elle fut la première partie du temple à être construite, alors que le projet était encore sous la direction de l'architecte Francisco del Villar. Les travaux étaient déjà en cours depuis un an, lorsqu'il donna sa démission. Gaudí prit les rennes des travaux et imprima immédiatement à cette crypte de style néogothique l'incontestable sceau de son génie.

La révision du néogothique
La crypte, ce qui en grec signifie « cachette » est un espace du temple qui cherche à rappeler les catacombes, ou lieux souterrains dans lesquels se cachaient les premiers chrétiens à l'époque de la persécution. Gaudí prit en charge la construction du temple alors que l'on avait déjà commencé à ériger les colonnes de la crypte. L'ancien projet de del Villar était de style purement néogothique et Gaudí ne put changer que les éléments qui n'affectaient que peu la structure comme, par exemple, élever la voûte et orner les chapiteaux de motifs naturalistes. Il entoura également la crypte d'un profond fossé afin d'empêcher l'humidité et, en même temps, obtenir une illumination et ventilation directes et naturelles.

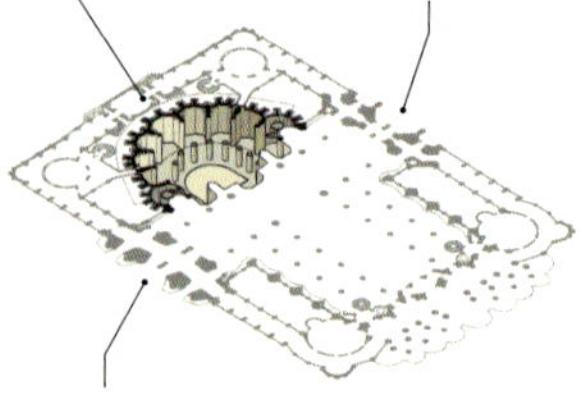

Situation souterraine
La crypte se trouve sous terre, dans la partie inférieure de l'abside, dont la structure est parfaitement identique.

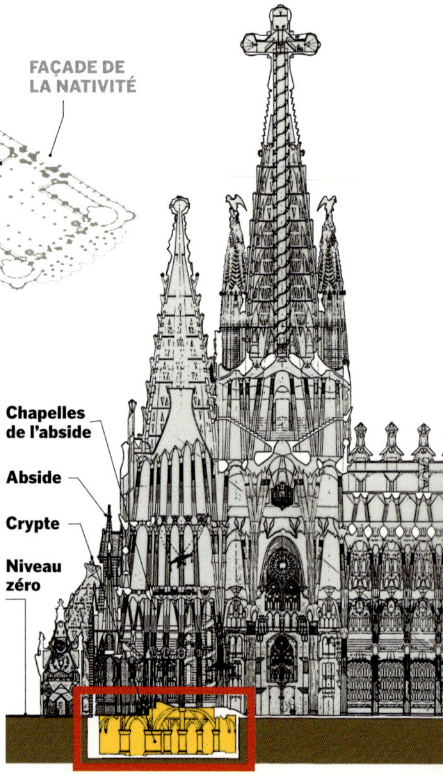

Section de la crypte
L'espace central est plus haut que les chapelles. Cette différence en hauteur permit à Gaudí d'ouvrir les vitraux et donner ainsi de l'air et de la lumière naturelle à l'enceinte.

Les colonnes
Constituées de dix petits piliers, chaque colonne soutient la voûte centrale de la crypte. Les disputes concernant les matériaux à utiliser pour leur construction furent à l'origine de la démission de l'architecte Del Villar.

Section du temple
Ce schéma représente les différents espaces proposés par Gaudí. Dans la partie inférieure l'on peut observer les dimensions de la crypte.

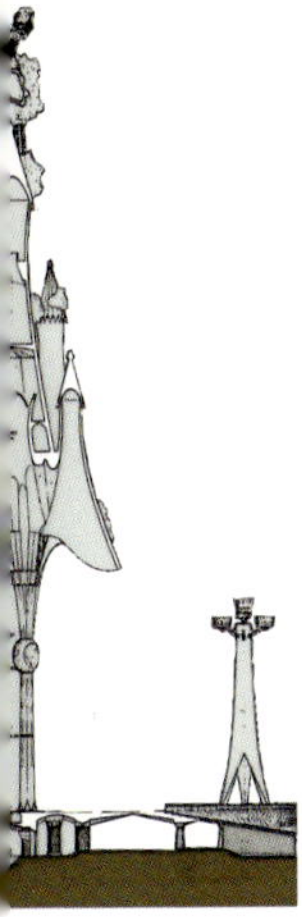

Composition intérieure

La crypte est composée de sept chapelles dédiées à la Sainte Famille de Jésus-Christ, qui formaient une rotonde et devant lesquelles sont situées cinq autres chapelles en ligne droite. De ces cinq chapelles, celle du milieu abrite l'autel central, où sont célébrées les messes. D'après l'idée originale, cette partie centrale de la crypte contiendra à l'avenir une reproduction de la Sainte Demeure de Nazareth, semblable à celle que l'on vénère à Loreto.

Autel de la Sainte Demeure de Loreto

3.619
JOURS DE TRAVAUX
Le temps nécessaire à la construction de la crypte. Les travaux commencèrent le 19 mars 1882 et s'achevèrent neuf ans plus tard,en 1891.

CHRONOLOGIE
CONSTRUCTION DE LA CRYPTE

1882
La construction commence
La première pierre est posée le 19 mars. Cette même année, l'on termina les excavations.

1885
Les travaux progressent
L'autel de Saint Joseph est achevé et l'on commence à y célébrer la messe avant même que la crypte soit achevée.

1936
Catastrophes de la Guerre Civile. Les trois uniques chapelles qui étaient terminées furent brutalement détruites en 1936.

L'autel et les chapelles

La crypte, où sont enterrés Gaudí et Josep Maria Bocabella, compte douze chapelles consacrées à la Sainte Famille de Jésus.

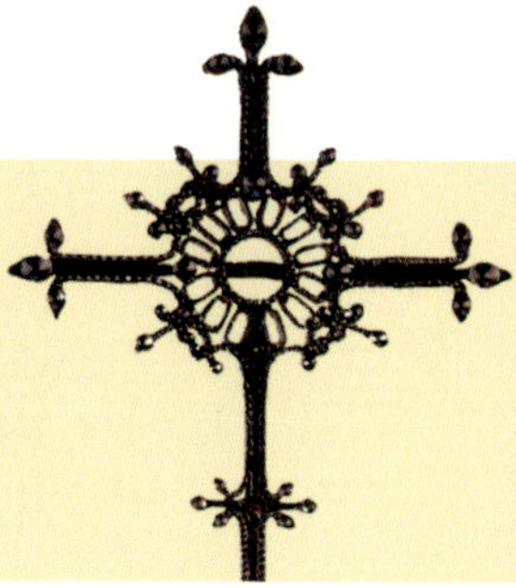

Les chapelles absidales
Les sept chapelles qui constituent le demi-cercle sont dédiées à la Sainte Famille de Jésus. La chapelle de Saint Joseph, celle du Sacré Cœur, qui représente l'aspect le plus humain de Jésus, et celle de la Conception Immaculée, qui est dédiée à la Vierge Marie, se trouvent au milieu. Deux des autres chapelles sont consacrées aux parents de la Vierge : Saint Joachin et Sainte Anne. À l'extrémité du demi-cercle se dresse la chapelle de Saint Jean Baptiste, cousin de Jésus, et à l'autre bout se trouve la chapelle dédiée à Sainte Isabelle, cousine de Marie et mère de Saint Jean, et à son époux Saint Zacharie.

2

Chapelle du Saint Christ
C'est là qu'est inhumé le fondateur du temple, Josep Maria Bocabella.

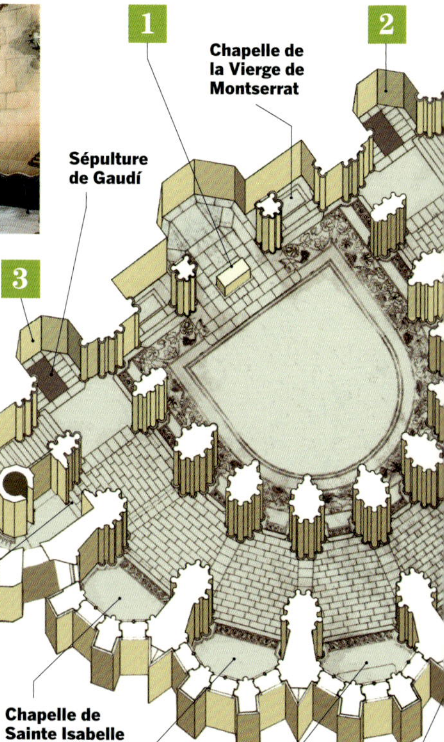

1

Chapelle de la Vierge de Montserrat

2

Sépulture de Gaudí

3

Portail de la Sacristie
Cette porte est faite de bois orné de décorations métalliques.

Chapelle de Sainte Isabelle et Saint Zacharie

Chapelle de Saint Joachim

Chapelle de l'Immaculée Conception

4

Chapelle de Saint Joseph
La première à être construite, de par la grande dévotion de Josep Maria Bocabella envers Saint Joseph.

1885
EST L'ANNÉE
où se célébre la première messe, le 19 mars sur l'autel de Saint Joseph, alors que la crypte n'a pas encore de toiture.

Lanternes
Antoni Gaudí conçut beaucoup des lanternes qui illuminent la crypte. Celles qui éclairent l'image de Saint Joseph sont particulièrement belles.

Eau Bénite
Le bénitier est un énorme coquillage originaire des Philippines qu'Eusebi Güell offrit à son grand ami Gaudí.

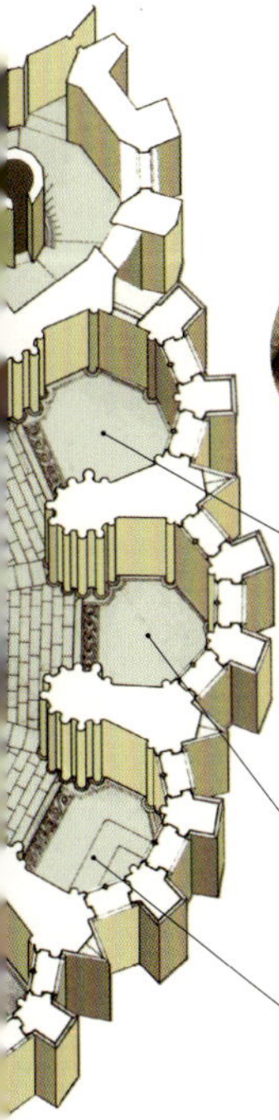

Ange
Les anges qui semblent soutenir les colonnes sont inspirés du livre de l'Apocalypse.

Chapelle de Saint Jean

Chapelle de Sainte Anne

Chapelle du Sacré Cœur

1

L'autel central
Encadré par deux chapelles, une de chaque côté, la chapelle centrale accueille l'autel où les messes sont actuellement célébrées. Il est surmonté d'un énorme relief qui représente la Sainte Famille.

3

Chapelle de Notre Dame de Carmen. Gaudí désirait être enterré aux pieds de cette vierge à laquelle il était très dévoué. Sa pierre tombale lit : *Antonius Gaudí Cornet, reusensis.*

Le relief de la crypte

La Sainte Famille. Situé sur l'autel central, le relief qui se trouvait auparavant sur l'autel de la Maison Casa Batlló est l'œuvre du sculpteur Josep Llimona. Le dessin du cadre est de Gaudí lui-même.

Les voûtes

Gaudí réunit dans le système des voûtes de la crypte à la fois mysticisme, beauté plastique et le génie des solutions techniques.

Le système de voûtes
La crypte est recouverte d'une série de voûtes soutenues par de nombreuses arches et colonnes de style gothique. Chaque voûte possède une clef de voûte, soit une pierre centrale, sur laquelle sont sculptés divers éléments. Gaudí modifia le projet de del Villar afin que la voûte centrale, couronnée d'une grande clef représentant l'Assomption soit plus haute que celle des chapelles. Cette différence de hauteur lui permit d'ajouter quelques petites lucarnes qui permettaient une meilleure illumination de la nef centrale.

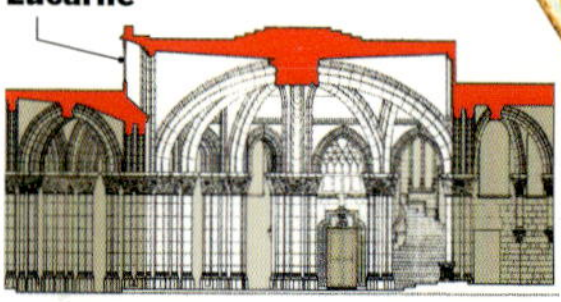

1

La clef de voûte centrale. C'est à l'endroit où convergent les colonnes inclinées que se trouve la clef de voûte. Gaudí mit en place ce relief polychromé, œuvre de Flotats, représentant l'Assomption.

Marie
Agenouillée, les bras croisés, montrant sa soumission et loyauté, Marie accepte la difficile mission que Dieu lui a réservée.

Le Saint Esprit
Représenté par une colombe, le Saint Esprit est chargé de la conception, afin que de Marie naisse le fils de Dieu.

L'Archange Gabriel
L'archange agit en tant qu'envoyé de Dieu et, d'un air décidé, annonce à Marie qu'elle a été choisie pour concevoir Jésus.

Colonnes
Gaudí couronna les colonnes de chapiteaux aux motifs végétaux et naturalistes.

> **Il est impossible d'avancer sans s'appuyer sur le passé et profiter des efforts et succès des générations qui nous ont précédés"**
>
> Antoni Gaudí

Le polychromé
Une décoration subtile dont les dorures accentuent le volume.

?

QU'EST UNE CLEF DE VOÛTE ?
Une clef est un élément architectural permettant la jonction des nerfs (continuations des colonnes) en haut de la voûte ou au milieu d'une arche. Ici, ces clefs sont des reliefs circulaires de grande valeur artistique.

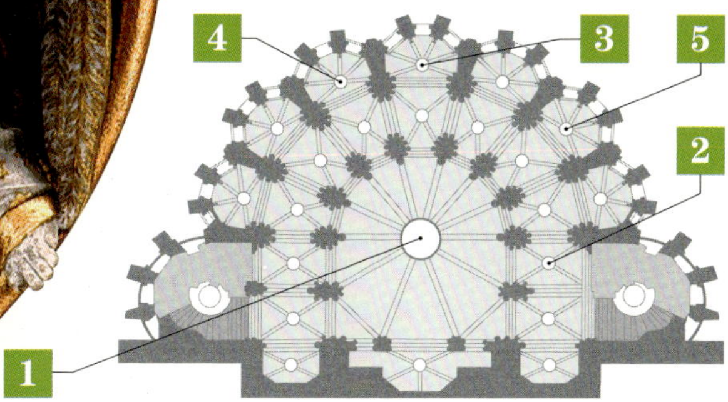

Plan des voûtes de la crypte
Autour de la voûte de la nef centrale sont disposées onze voûtes mineures. De plus, chaque chapelle absidale est dominée par une voûte.

10
PILIERS
soutiennent la voûte centrale. Ils sont formés par des bouquets de colonnes.

22
CLEFS
se trouvent dans les voûtes de la crypte. Chacune d'entre elles représente diverses images et symboles.

Clef du déambulatoire Un ange qui semble émerger de la pierre.

Clef de la Chapelle de l'Immaculée Conception L'anagramme de Marie.

Clef de la Chapelle de Saint Joseph. Représente l'anagramme de Joseph.

Clef de la Chapelle de Sainte Anne. Anagramme.

01. Détail du sol. Mosaïque polychromée où l'on peut observer un oiseau picorant une grappe de raisin. **02. Porte de la sacristie.** Détail des décorations métalliques. **03. Chapelle de l'Immaculée Conception.** Sculpture de la Vierge qui prête son nom à la chapelle. **04. Détail de la chapelle du Saint Christ.** Étoiles réalisées à partir de mosaïque polychromée. **05. Chapiteau aux motifs végétaux.** Les feuilles et autres motifs végétaux qui recouvrent les chapiteaux furent introduits par Gaudí lui-même, afin de rompre le gothicisme trop strict de la crypte. **06, 07 et 08. Anges des colonnes.** Ils sont inspirés du livre de l'Apocalypse ; il y en a de deux, quatre et six ailes. **09. Détail d'un vitrail.** Image d'un ange à trompette annonçant le Jugement Dernier.

05

06

07

08

09

04

FAÇADE DE L'ABSIDE

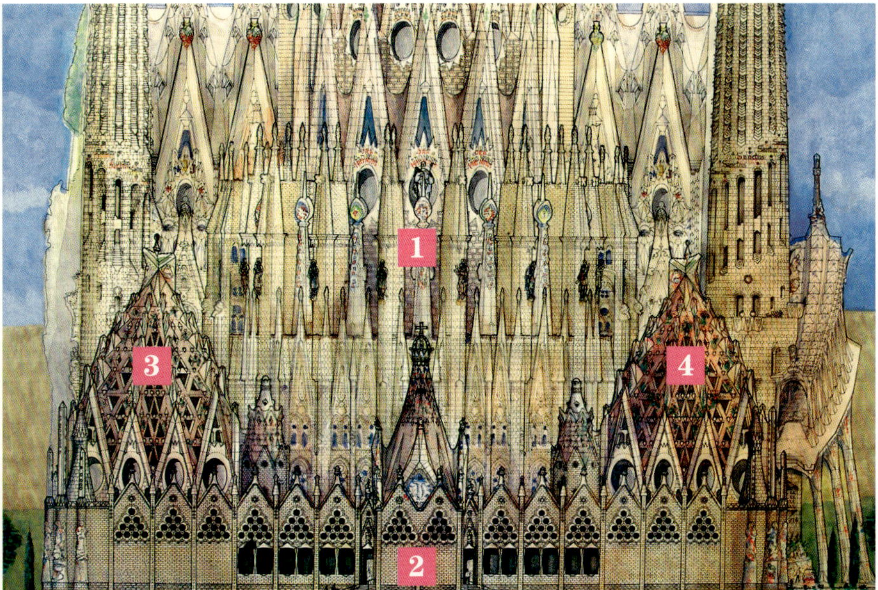

Le dessin. La façade de l'abside, interprétée par Berenguer.

FAÇADE DE L'ABSIDE

L'ensemble consacré à Marie

Gaudí était un grand dévot de la Vierge et lui dédia donc la tour de l'abside ainsi que la chapelle de l'Assomption.

L'ensemble des bâtiments qui font partie de la façade de l'abside est composé de l'abside elle-même, qui se dresse en majestueuse toile de fond, la chapelle de l'Assomption, des deux sacristies situées de côté et du cloître qui joint la chapelle aux sacristies. En fait, le cloître conçu par Gaudí entoure toute l'enceinte, unissant ainsi les nombreux bâtiments qui constituent l'ensemble du temple de la Sagrada Familia. Gaudí décida également de poser un portail dédié à une Vierge aux intersections du cloître avec chaque façade. En tant qu'exemple, il construisit celle qui était dédiée à la Vierge de Rosaire, qu'il décora magnifiquement de roses de pierre taillée. Le culte de la Vierge, qui s'institua dans l'Église Catholique à partir du Conseil de Trente, (1545-1563), atteignit sa plus grande splendeur au XIXème siècle. Cette ferveur mariale se trouve reflétée dans le domaine des arts, car bien des artistes dédièrent leurs œuvres au culte de la Vierge. Antoni Gaudí était également un grand dévot de la Vierge Marie, comme l'indique son vœu d'être enterré dans la chapelle de la Vierge du Carmen. C'est pour cela qu'il jugea indispensable de consacrer une partie importante du temple à la figure maternelle de la Sainte Famille.

Salamandre de l'abside
1. Abside. **2.** Chapelle de l'Assomption. **3 et 4.** Sacristies.

L'Abside

Le perfectionnement du gothique

L'abside est d'évidente inspiration gothique, tout comme la crypte qui lui donne sa structure. Cependant, elle manifeste également le style unique de Gaudí qui voyait cette architecture comme un « perfectionnement du gothique ». En observant les gargouilles, les baies vitrées et les pics qui le couronnent, personne ne peut contester sa réussite.

Le temple croît
Lorsque la crypte était déjà achevée, Gaudí entreprit les travaux de l'abside qui, étant située immédiatement au dessus, en émule la structure. Gaudí consacra l'abside et sa tour à la Vierge. Tous les symboles et images qui l'ornent sont fondés sur des vers liturgiques dédiés à Marie. Cela dit, les sept chapelles absidales commémorent les sept douleurs et jouissances de Saint Joseph, selon les vœux du fondateur, Bocabella. Sa dévotion envers Saint Joseph, loin d'être vaine, donna son origine au temple.

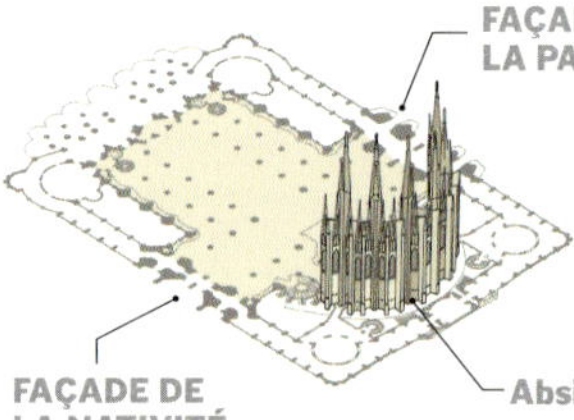

1

Sainte Claire
Dans l'abside, l'on plaça des sculptures dédiées aux fondateurs d'ordres religieux, comme Sainte Claire.

2

Anagramme de Jésus
L'initiale du nom de Jésus était entourée d'une couronne épines symbolisant son calvaire.

Anagramme de la Vierge
La couronne placée sur l'initiale de Marie symbolise sa condition de reine des cieux et de la terre.

Anagramme de Saint Joseph
L'initiale de Joseph est ornée de narcisses, fleur qui évoque la pureté et chasteté de ce Saint.

> **Il faut combiner les éléments qui sortent et ceux qui entrent, faire en sorte qu'à chaque élément convexe, c'est à dire, situé en pleine lumière, s'en oppose un autre, à l'ombre... "**
>
> Antoni Gaudí

Anagramme du Christ
Alpha et oméga rappellent que Jésus est le début et la fin de toute chose.

20.000
VIS
et 3000 planches ont été nécessaires pour monter les échafaudages avec lesquels fut construite l'abside.

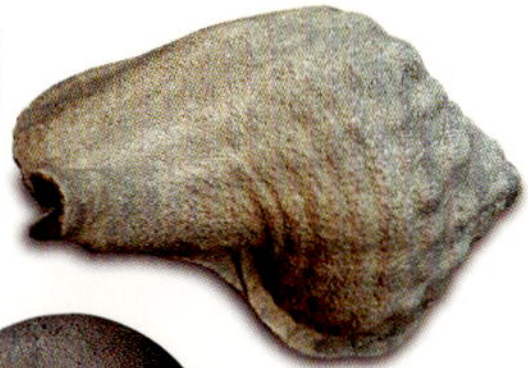

Escargots de terre et de mer
Ils indiquent l'emplacement des escaliers en colimaçon.

Premier dessin de l'abside de Gaudí. Gaudí s'inspira du style gothique, mais en allégea les formes.

La nature de pierre

L'extérieur de l'abside est un reflet de l'immense fascination qu'exerçait la nature sur Gaudí.

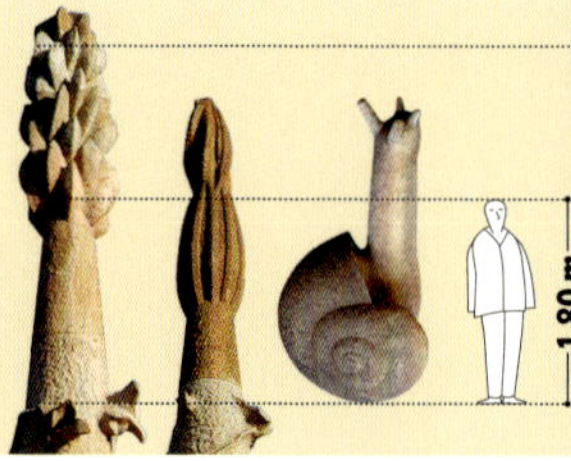

La vision naturaliste de Gaudí

Gaudí était un grand observateur de la Nature. Il ressentait une profonde admiration envers tous les êtres vivants, surtout les plantes et les arbres, qui en de nombreuses occasions lui servirent d'inspiration autant en matière de questions techniques qu'esthétiques. À une occasion il en vint même à dire que son maître était un arbre qui poussait près de son atelier. C'est pour cela que l'on voit fréquemment des représentations du règne végétal dans son œuvre, comme les épis monumentaux et les motifs floraux qui couronnent les pinacles des murs de l'abside.

Herbes sylvestres
Les modestes petites herbes follent qui poussaient sur le sol du temple sont représentées sur les pics de l'abside.

Épis de blé
Gaudí choisit le blé comme symbole eucharistique parce qu'il représentait la céréale méditerranéenne.

CHRONOLOGIE
TROIS ANS DE CONSTRUCTION

1891 Juste après avoir terminé la crypte, Gaudí initia les travaux de l'abside.

1892 Au bout d'un an, les murs extérieurs étaient dressés.

1892 Les travaux avançaient rapidement : les murs atteignent les 19 mètres.

1893 La construction de l'extérieur de l'abside s'achève.

Dimensions
Gaudí calcula les dimensions de chaque élément de façon à ce qu'ils puissent être reconnus de loin.

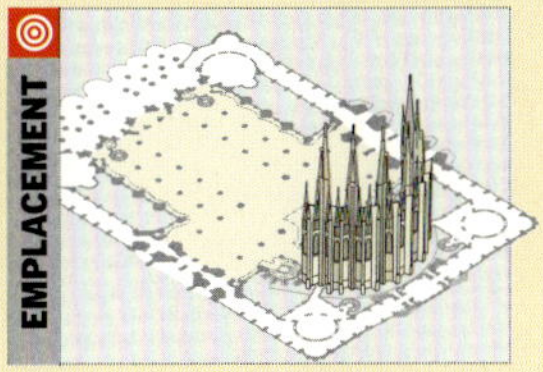

Le serpent
Symbole biblique de la tentation et de la perfidie, le serpent semble se glisser vers le bas.

Les gargouilles. Ces éléments architecturaux commencèrent à être utilisés dans le gothique et servent à évacuer l'eau qui s'accumule sur les toits des bâtiments.

?

QU'EST-CE QU'UNE GARGOUILLE ?
C'est la partie protubérante d'un tuyau qui sert à évacuer l'eau de pluie. Dans l'architecture gothique, elles étaient habituellement ornées de figures grotesques.

Les animaux

Dans le gothique, les gargouilles représentaient des êtres fantastiques et démoniaques. Gaudí préféra utiliser des animaux communs, traditionnellement associés avec le mal. Les amphibiens et reptiles qui sont sur les murs n'ont pas le droit d'entrer dans le temple. Tous sont à l'envers, fuyant la pureté qu'irradient les symboles de Marie.

DONNÉE
ANIMAUX QUOTIDIENS SUR L'ABSIDE

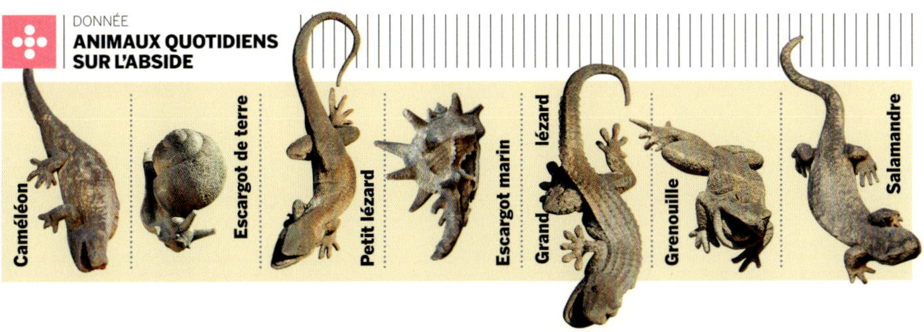

Le cloître

Il est conçu de façon à isoler le temple de l'extérieur

Une autre des innovations de Gaudí fut de revenir à la véritable raison d'être du cloître, qui est d' « enfermer ». Dans les monastères et les cathédrales, le cloître se trouve d'un côté et sert à permettre l'accès à d'autres locaux. Le cloître de Gaudí entoure tout l'ensemble du temple de la Sagrada Familia et sert non seulement à fournir un endroit pour prier et célébrer des processions religieuses, mais aussi à éviter l'entrée des bruits de la rue.

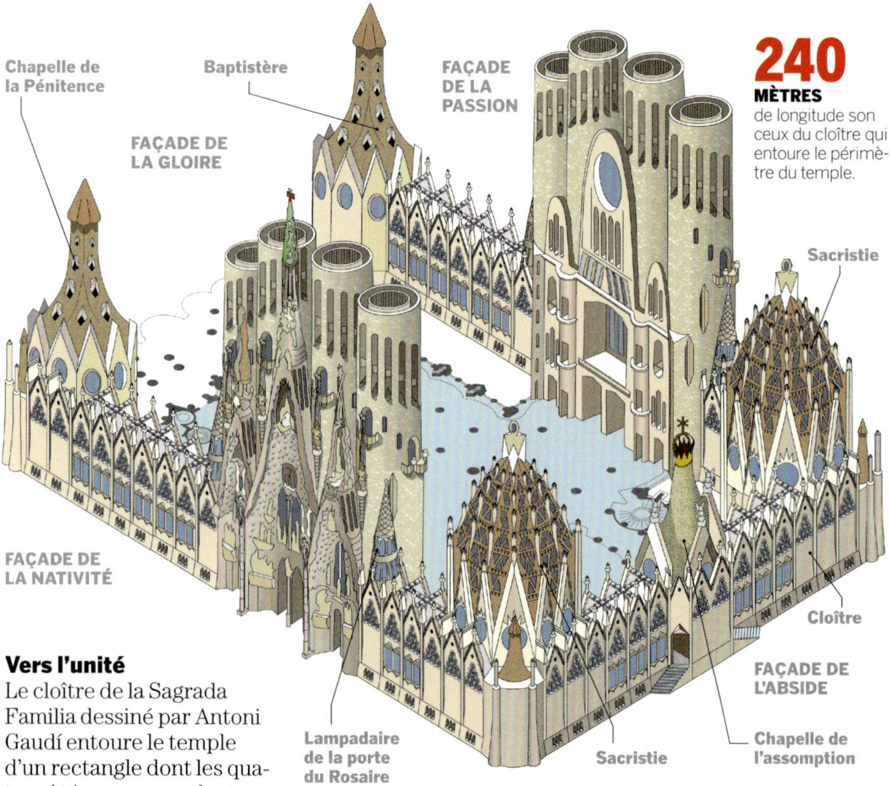

240
MÈTRES
de longitude son ceux du cloître qui entoure le périmètre du temple.

Vers l'unité

Le cloître de la Sagrada Familia dessiné par Antoni Gaudí entoure le temple d'un rectangle dont les quatre côtés correspondent aux quatre façades. Les portails de la Nativité, la Passion et la Gloire interrompent sa continuité mais trois portes ornementées permettent le passage à travers les façades. Le cloître est situé au ras du temple ce qui permet la dénivellation qui en dérive par rapport à la rue, de servir à un autre niveau.

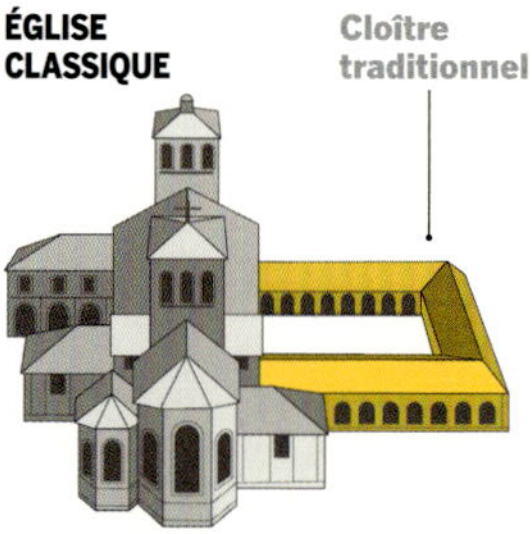

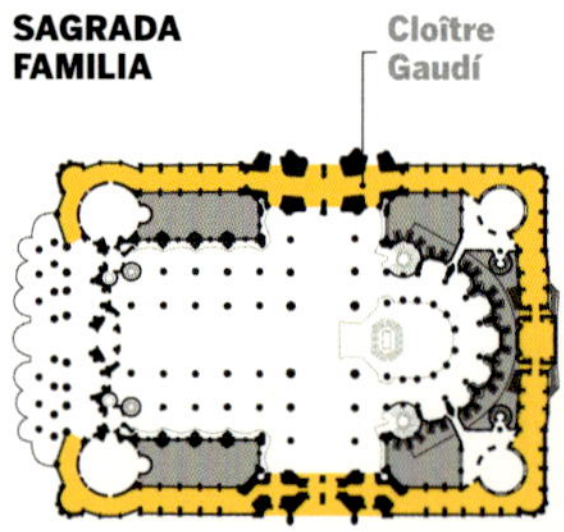

1

La Sainte Famille. Ce symbole est composé de la croix de Jésus, la scie du charpentier de Saint Joseph, et l'initiale de Marie.

2

La clef de voûte
Sculptée avec une grande précision, cet ange est représenté jouant dans l'écume de mer qui naît de ses mouvements.

3

Signe de Marie
C'est sur la clef de cette baie vitrée que figure cet anagramme classique dans la représentation de la Vierge : son initiale et la couronne ducale.

Les vitraux
Dans la partie supérieure du cloître se trouve un grand nombre de lucarnes circulaires qui sont décorées de motifs de couleur.

1890
PREMIÈRE SOLUTION DES MURS
Gaudí dessina les murs avec des frontons décorés de rosettes où furent plus tard disposés des vitraux de couleur.

1919
DEUXIÈME SOLUTION DES MURS
Gaudí effectue une simplification des baies vitrées qui deviennent dix lucarnes circulaires formant entre elles un triangle équilatéral.

Le portail du Rosaire

Gaudí choisit le portail du Rosaire pour créer un échantillon montrant comment il faudrait décorer le reste du temple.

Un portail couvert de roses
Chaque intersection du cloître avec une façade donne lieu à une porte consacrée à la Vierge. Celles qui sont situées des deux côtés de la façade de la Nativité sont dédiées à la Vierge de Montserrat et celle du Rosaire. Sur la façade de la Passion se trouveront celles de la Vierge de la Grâce et celle des Douleurs. Sur celle du Rosaire l'on remarque surtout la coupole qui illumine tout le portail. Tous les éléments architecturaux tels que les murs, les voûtes et les arches sont décorés d'une multitude de roses sculptées dans la pierre avec un grand raffinement, comme s'il s'agissait de dentelles.

1

Rosaires
Les murs sont également décorés de rosaires sculptés avec un grand réalisme.

2

La Mort du Juste. La Vierge montre l'Enfant Jésus à un homme qui agonise afin d'alléger ses souffrances.

La coupole
Malgré ses petites dimensions, le portail est d'un effet extrêmement lumineux grâce à sa coupole.

3

La tentation de la femme
Un monstre diabolique qui prend la forme d'un poisson tente une femme avec une bourse pleine d'argent : ceci représente la vanité.

Vierge du Rosaire
Ce portail est dominé par la Vierge et son Enfant. À ses côtés se trouvent Saint Domingue et Sainte Catherine.

Décoration de roses
L'explosion de roses qui envahit tout le portail naît de la figure de la Vierge du Rosaire.

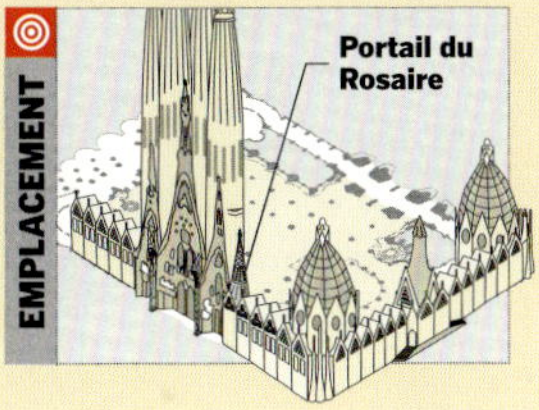

Phrases de la coupole du cloître
Entre des feuilles d'olivier sont sculptées les dernières paroles de l'Ave Marie : « *Et in hora mortis nostrae, Amen* ».

5

La tentation de l'Homme
Symbole de la violence, un diable offre une bombe Orsini, celles qu'utilisaient les anarchistes de l'époque, à un ouvrier.

4

Isaac et Jacob
De chaque côté de la porte se trouvent des sculptures de personnages de l'Ancien Testament. Les rois David et Salomon et les prophètes Isaac et Jacob.

?

QU'EST CE QU'UNE LANTERNE ?
C'est un touret, plus haut que large, avec des fenêtres, qui sert à achever des bâtiments et églises.

La chapelle de l'Assomption et sacristies

Les deux projets se distinguent grâce à leur architecture originale

Pour le plan du cloître qui longe l'aile Nord du temple, Gaudí projeta une chapelle consacrée à l'Assomption de la Vierge et deux sacristies de grandes dimensions qui sont situés sur les sommets. Ces bâtiments sont d'un grand poids symbolique et portent le sceau indubitable de leur auteur : la chapelle ressemble à un gigantesque litière de pierre et les sacristies disposent d'une originale coupole à douze faces.

Chapelle de l'Assomption
Dans la partie centrale du cloître, sur la façade de l'abside, se dresse une petite chapelle consacrée à l'assomption de la Vierge que l'on connaît populairement sous le nom de la Vierge D'Août. Sa fête est amplement répandue en Catalogne et pour dessiner la chapelle, Gaudí s'inspira de la litière dont l'on sort la Vierge de la Cathédrale de Girone lors des processions . L'on y reproduira tous les éléments qui constituent cette litière : les rideaux, la couronne, les piliers et les anges.

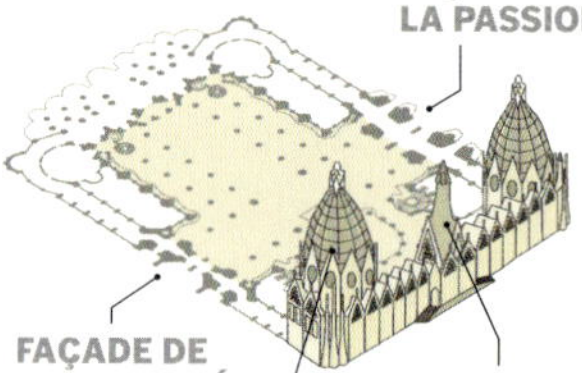

Le projet
De 30 mètres de haut, la lanterne culmine en couronne et ses quatre côtés se terminent par des anges. La Vierge préside sur la façade.

Dessin de la chapelle
Un original d'Antoni Gaudí.

L'Assomption. La Vierge D'Août de la cathédrale de Girone est l'œuvre du sculpteur Bonifas et fut ce qui inspira Gaudí à construire la chapelle.

Les sacristies

Gaudí situa les sacristies des deux côtés de la chapelle de l'Assomption. Il s'agit de constructions à douze faces qui sont surmontées d'une coupole entièrement perforée de fenêtres triangulaires. Gaudí assura, grâce à ces fenêtres et aux rosaces qui s'ouvrent sur les frontons de la galerie, une illumination excellente de l'enceinte.

Le symbolisme
La coupole est décorée de mosaïque et de palmiers et s'achève par la figure d'un vendangeur et d'un agneau, symbolisant Jésus-Christ.

35 MÈTRES
la hauteur de la sacristie que projeta Gaudí. Sa base est de 18 mètres sur 18.

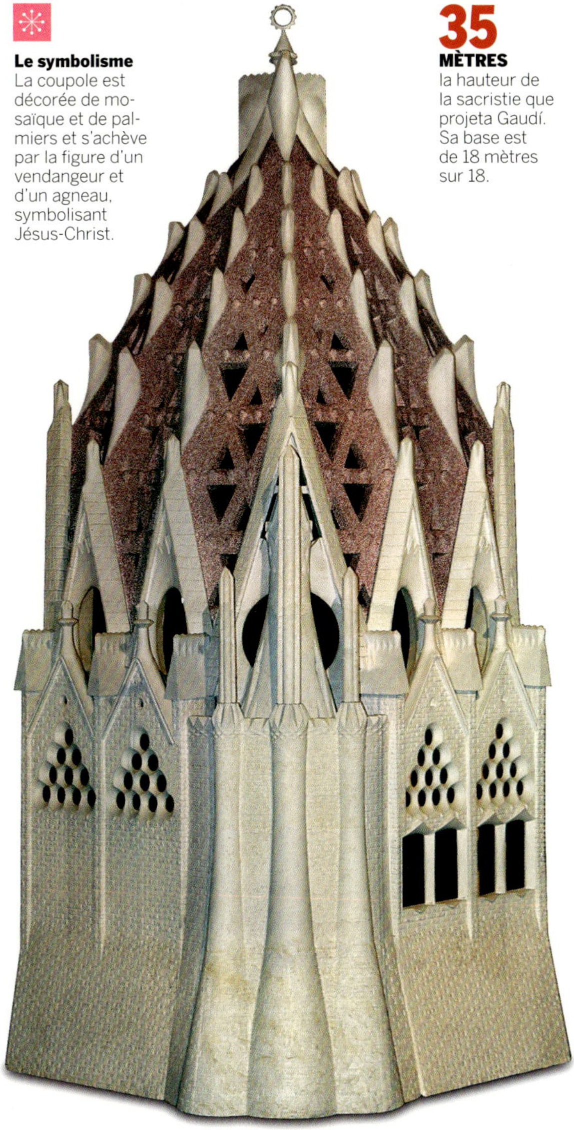

Coupe de la sacristie
Certaines des sacristies dessinées atteignaient 6 étages de haut.

Les obélisques
À chaque coin du temple, il y aura trois obélisques : chaque trio symbolise un point cardinal, une vertu cardinale et un jeûne chrétien.

HISTORIQUE
PIÈCES ORIGINALES DE LA SACRISTIE

Solution au sol
Gaudí grava sur une pierre le plan du sol pour réaliser les premières esquisses de la sacristie.

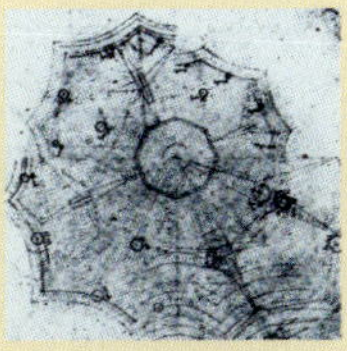

Sol 1923
Solution définitive du sol.

Coupole
Projection horizontale de la coupole.

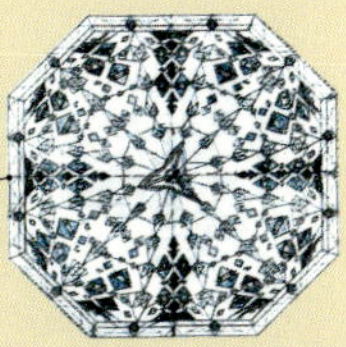

01

02

03

04

05

01. Pinacle de l'abside. Dans la pierre de l'un des pinacles de l'abside se trouve une représentation du signe de Jésus. Derrière se contrastent les lettres de l'un des clochers de la façade de la Nativité. **02. Voûte de cloître.** La symétrie du néogothique de Gaudí est évidente dans l'une des voûtes du cloître. **03. Portail du Rosaire.** Une généreuse décoration de roses sculptées dans la pierre longe la porte qui donne l'accès du cloître à la façade de la Nativité. **04. Gargouille de l'abside.** Une grenouille descend de l'abside, fuyant la pureté qu'irradient les symboles de la vierge. **05. Cloître.** La deuxième solution du cloître que Gaudí simplifia en 1919 avec des formes plus pures et géométriques.

05 FAÇADE DE LA NATIVITÉ

Naissance de Jésus. Groupe de sculptures du portail de la Charité.

FAÇADE DE LA NATIVITÉ

Le triomphe de la vie

Gaudí y représenta la facette la plus humaine de Jésus et célébra sa naissance avec une Nature exubérante.

La façade de la Nativité s'appelle aussi celle de la Vie, de la Jouissance et de Noël, car elle est dans son ensemble une explosion de joie occasionnée par la naissance de Jésus. La pierre semble même avoir perdu son apparence statique, transmettant grâce à des formes originales le triomphe de la vie. Le message que lance cette scène de la nativité sculptée dans la pierre est un message d'espoir : Jésus, « le sauveur de l'Humanité » est né. C'est pour cela que la Nature est représentée dans toute sa splendeur et son effervescence, car la naissance de Jésus implique la libération de la vie sous toutes ses formes. En plus de son illumination, la façade montre les récits principaux de l'enfance et de l'adolescence de Jésus : de l'annonciation de Marie à sa conversation avec les docteurs sur les Saintes Écritures,en passant par la fuite vers l'Égypte et sa présentation au Temple, entre autres. De toute la façade émane une grande tendresse, en particulier là où elle montre les facettes plus humaines et familiales de Jésus, comme par exemple là où il apparaît adolescent, aidant Saint Jospeh dans son atelier de charpentier. Afin de donner une sensation de proximité et de candeur, Gaudí eut recours à des éléments populaires tels que les animaux domestiques et les outils que le public pouvait facilement identifier.Cependant, comme dans toute l'œuvre Gaudíenne, l'on trouve aussi sur cette façade des symboles d'une plus grande complexité au travers desquels il cherche à atteindre un niveau plus transcendental.

Coq, sculpture du portail de la Foi

Façade de la Nativité

Gaudí la choisit afin de montrer le potentiel du temple

Gaudí voulait que la façade de la Nativité soit la première à être construite afin de montrer tout le potentiel de la force plastique du temple. On commença à construire les fondations en février 1894 et les travaux continuent tout au long du premier tiers du XXème siècle. La façade n'est complètement terminée qu'en 1930, quand sont édifiés les quatre clochers.

Les trois portails
La façade de la Nativité est formée de trois portails et quatre clochers. Les portails sont dédiés aux trois vertus théologiques qui, à leur tour, correspondent chacune à un membre de la Sainte Famille. Le portail central, le plus haut d'entre tous, est consacré à la Charité, dont le plus grand exposant est Jésus. Le portail de droite est celui de la Foi et est dédié à Marie. Enfin, le portail de gauche est celui de l'Espoir, vertu dont Saint Joseph est le plus grand exemple. Ces trois portails forment un ensemble unique, dont ressortent les figures représentées par les sculptures.

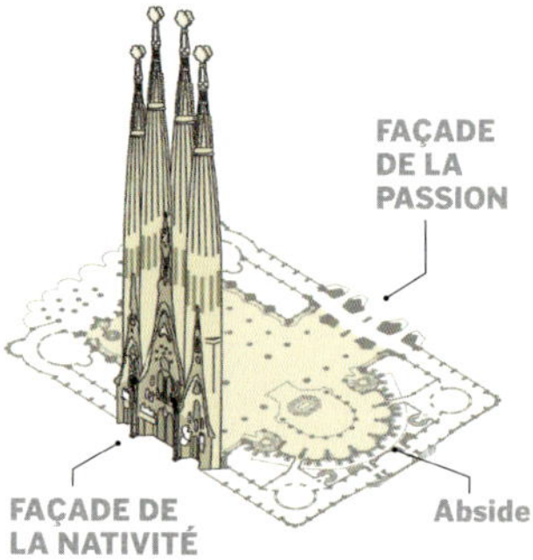

02

Signe de Jésus
Il se trouve sur le portail central et est sculpté sur une croix encadrée de deux anges.

03

Signe de Marie
Celui-ci se trouve sur le portail de la Foi. Cette anagramme contient, en plus de l'initiale M, une étoile, symbole commun de la Vierge.

04

Signe de Joseph
En tant que patriarche et représentant de la vertu de l'Espoir, l'anagramme de Saint Joseph préside sur ce portail.

Étude sur maquette. Gaudí avait prévu de faire peindre la façade en différentes couleurs.

Arbre de Vie Celui-ci est représenté par un cyprès, symbole de persévérance.

Portail de la Foi

L'atelier des sculptures Gaudí et son équipe de sculpteurs entreprirent plusieurs études et essais avant de réaliser les sculptures définitives.

Les sculptures

Gaudí se servait de photographies pour étudier les scènes à représenter. Une fois le modèle et la position choisis, il façonnait un moulage en plâtre directement à partir du corps afin de mieux réaliser la sculpture. Y collaborèrent les sculpteurs Carles Mani, Llorenç Matamala et son fils Joan, entre autres.

Llorenç Matamala Cet artiste travailla avec Gaudí durant des années sur les tâches de sculpture.

CHRONOLOGIE

ÉVOLUTION DE LA FAÇADE

1896

Les travaux avancent Deux ans après que l'on ait posé les fondations, plusieurs des piliers de la façade sont déjà en place.

1899

Les portails Cette année là on peut déjà observer qu'il ne reste à construire que la partie supérieure des trois portails.

1920

Il ne manque que les clochers La structure de la façade est déjà terminée, mais il faut encore achever les tours.

Les portails

Les trois portails de la façade sont séparés par des colonnes présentées comme d'énormes palmiers de pierre.

Les colonnes

Les deux colonnes qui séparent les portiques sont d'une hauteur imposante et finement travaillées. À la base de chacune d'entre elles se trouve une tortue de pierre symbolisant l'inaltérable, ce que même le temps ne peut effacer. Les troncs des colonnes sont sillonnés en hélice, tandis que les chapiteaux sont des feuilles de palmier dont jaillissent des régimes de dattes couverts de neige servant de support à deux anges joueurs de trompette qui annoncent aux quatre vents la naissance de l'enfant Jésus.

01

Les caméléons
En contraste avec les tortues, qui représentent ce qui est permanent, l'on peut observer de chaque côté de la façade un caméléon, symbolisant le changement.

?

QUE SIGNIFIE LE CAMÉLEON ?
Ce reptile est connu pour sa capacité à changer de couleur. C'est pour cela qu'il les choisitt pour symboliser la métamorphose constante de la Nature.

Anges joueurs de trompette
Avec leurs trompettes de bronze, les anges annoncent la naissance de l'enfant Jésus.

05

Neige
En référence à l'époque de l'année où naquit Jésus, Gaudí simula, en pierre, les stalactites de glace.

03

La colonne de Joseph
C'est elle qui sépare le portail de l'Espoir (dédié à Saint Joseph) du portail de la Charité (consacré à Jésus).

Palmiers
Les chapiteaux des colonnes sont formés de bouquets de feuilles de palmier.

L'inscription de Joseph
Taillée dans la pierre, elle est située au dessus de la colonne gauche du portail de la Charité.

Construction de la façade en 1897
Les travaux de construction de la façade et l'élaboration des sculptures, qui seraient placées aux endroits pertinents furent réalisés simultanément.

1899
MISE EN PLACE DES ANGES
joueurs de trompette sur les colonnes. Gaudí se sert de trois militaires comme modèles. Le quatrième modèle était un collaborateur de l'architecte.

04

La colonne de Marie
Consacrée à la Vierge, elle sépare le portail de la charité du Portail de la Foi.

Les tortues
La colonne qui se trouve du côté montagne est soutenue par une tortue de terre, tandis que du côté mer, il y a une tortue marine.

Tortue marine

Tortue de terre

Portail de la Charité

Émulant un énorme Portail de Bethléem, le portail central, également appelé celui de l'Amour, est le plus grand de la façade.

09

Étoile de Bethléem
Son étoile émerg du groupe centra et ses rayons sor orientés vers l'Enfant Jésus.

06 Le couronnement de Marie

Œuvre de Joan Matamala d'après un projet de Gaudí, il représente le moment où la Vierge est couronnée en récompense pour son amour inconditionnel envers Dieu.

Jésus
Jésus bénit la Vierge Marie, et la couronne ainsi comme reine et impératrice des cieux et de la terre.

La Vierge Marie

Saint Joseph
Dans la tradition catholique, La Sainte Trinité couronne la Vierge. Dans ce groupe, Saint Joseph prend la place de Dieu et un troisième homme, celle du Saint Esprit.

12

07 Signes du Zodiaque

Les constellations du Zodiaque sont représentées telles qu'elles se voyaient dans le ciel la nuit où naquit Jésus.

08

Anges musiciens
Trois anges jouent d'instruments de musique classique (harpe, basson, et violon) et trois autres d'instruments de musique populaire.

L'agneau
Il représente l'innocence et la docilité. Il est le cadeau des bergers pour Jésus.

Le chien
En plus d'évoquer un symbole populaire, il symbolise la fidélité.

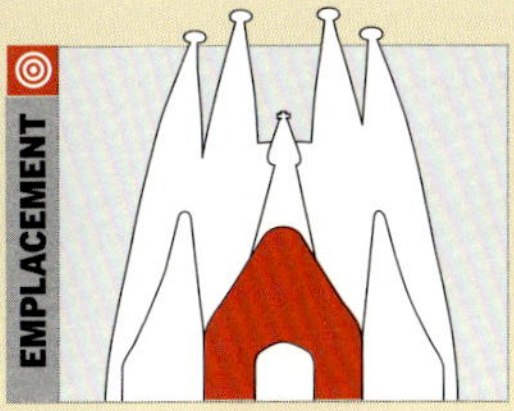

L'Annonciation
L'un des thèmes religieux les plus représentés dans l'histoire de l'Art.

10 L'Annonciation de Marie

Ceci montre le moment où l'Archange Gabriel annonce à Marie qu'elle a été choisie pour être la mère de l'enfant de Dieu.

Le rosaire. Les cinquante-neuf grains du rosaire entourent la fenêtre.

La nature. Les oiseaux semblent jaillir de la pierre de la façade.

?

QU'EST-CE QU'UN ROSAIRE ?
Le rosaire est un grand chapelet. Il possède 59 grains qui s'utilisent pour réaliser les prières du même nom.

L'adoration des Rois. Melchior, Gaspar et Balthazar, les Rois Mages, se présentent devant Jésus avec leurs présents : l'or, l'encens et la myrrhe.

L'adoration des bergers. Ils furent les premiers à apercevoir l'étoile et à vénérer l'Enfant Jésus. Ils représentent le peuple.

Colonne et porte de Jésus

Le portail de la Charité est divisé par un pilier qui sert d'arbre généalogique de Jésus et soutient la représentation de sa naissance.

1958
L'ANNÉE
où fut mis en place le groupe de sculptures représentant la Nativité, œuvre du sculpteur Jaume Busquets.

14 **La naissance.** Le chapiteau de la colonne montre Jésus nouveau-né, habillé par Joseph et Marie. L'on y voit aussi également le bœuf et la mule des crèches faites maison.

15 **Gloria in excelsis Deo...** Sur la partie supérieure, il est écrit, en latin, « Gloire à Dieu dans les hauteurs et sur Terre paix aux hommes de bonne volonté », la phrase que dit l'ange aux bergers pour leur annoncer la naissance de Jésus.

16 **Ange.** Tout comme dans les crèches faites maison, Gaudí plaça au dessus du berceau des anges annonciateurs.

Anges de chœur
Autour du berceau, les anges chantent en chœur pour célébrer la naissance du divin enfant.

Le sculpteur Etsuro Sotoo
Ébahi par l'œuvre d'Antoni Gaudí, il a contribué aux sculptures de la Sagrada Familia depuis 1978.

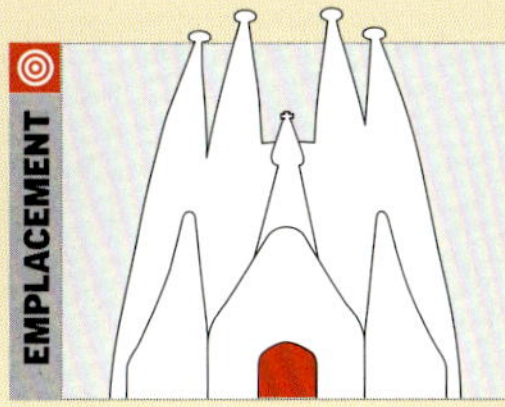

18 Chœur des petits anges

Les sculptures originales étaient faites de plâtre et furent détruites pendant la Guerre Civile. Celles que l'on peut observer de nos jours sont en fait une interprétation du sculpteur Etsuro Sotoo réalisée à partir des idées léguées par Gaudí.

Écureuil et fleur. Pour accentuer l'impression de joie et de triomphe de la vie, la nature est également représentée.

19 Colonne de Jésus

Sur le ruban qui s'enroule autour du tronc on peut voir la généalogie de Jésus. À la base, il y a le serpent qui mord la pomme, symbolisant le péché originel qui fut la raison de l'arrivée de Jésus sur Terre.

L'inscription de Jésus

Le serpent et la pomme

17

La phrase
Les anges soutiennent une inscription où l'on peut lire : *« Jesus est natus. Venite, adoremus ».*

ANGES SANS AILES
Aucun des anges de la Façade de la Nativité n'est représenté avec des ailes, car Gaudí pensait que les anges ne pouvaient pas voler.

Portail de l'Espoir

Sur ce portail, Gaudí réunit les situations de l'enfance de Jésus qui représentent le mieux Joseph et sa plus grande vertu, l'Espoir.

Animaux domestiques
Les oies, jars ou canards de la partie inférieure font allusion à la faune du Nil.

22

La caverne
Elle symbolise le refuge, les efforts de Joseph pour protéger l'Église.

L'ancre et la lampe
La lampe, de grandes dimensions, sert à éclairer le chemin de l'église.

L'anagramme de Joseph
En plus de son initiale, l'emblème est composé de bouquets d'iris et de petits détails.

22 La barque de Saint Joseph

Saint Joseph apparaît comme le timonier qui dirige l'Église Catholique, symbolisée par la barque. La figure de Joseph ressemble beaucoup à Gaudí, car, apparemment, ceci est l'hommage que les ouvriers du temple lui rendirent après sa mort.

23

La famille de Jésus
Jésus montre une colombe blessée à son père, tandis que Saint Joachim et Sainte Anne, ses grands parents les regardent, émus.

24 La fuite vers l'Égypte

La Sainte Famille fuit vers l'Égypte afin d'éviter la mort de Jésus aux mains des soldats d'Hérode. Un ange, d'attitude énergique, entraîne l'âne que monte la Vierge, son enfant dans les bras.

1935
L'ON ACHEVA
les dernières sculptures, terminant le portail de l'Espoir. À ce moment prirent fin plus de 35 ans d'études et de construction.

25 **Pinacle de Montserrat**
Le pinacle qui couronne le portail semble être une allégorie de la montagne de Montserrat, sur lequel l'on peut lire : « *Sauve-nous* ».

26 Les noces de la Vierge Marie et Saint Joseph

Marie et Joseph apparaissent au moment où un prêtre les unit par les liens du mariage. Plusieurs anges assistent également à la cérémonie, aidant le prêtre dans ses fonctions.

Rosaire et outils
Gaudí combina le sacré (le rosaire) et le quotidien, représenté par la grande variété d'outils de construction sculptés.

29 Mort des Saints Innocents

Celle-ci est représentée de façon intensément dramatique avec un soldat d'énormes dimensions, sur le point de tuer un nouveau né sans s'émouvoir des supplications désespérées de sa mère.

ANECDOTE
Le modèle du soldat comptait six doigts sur l'un des pieds. Lorsque Gaudí vit la sculpture, il décida de les conserver afin d'accentuer la monstruosité de l'acte.

Portail de la Foi

Ce portail est dédié à la Foi et à la Vierge Marie en tant que plus grande représentante de cette vertu.

30 Le cœur de Jésus

Le cœur, la représentation la plus humaine de Jésus, est couvert d'épines et d'abeilles mystiques qui le font saigner.

31

Joseph et Marie
Ils observent leur enfant avec une adoration mêlée de surprise alors que celui-ci explique aux docteurs du temple le sens exact des saintes écritures.

32 Jésus au travail

Une scène familière de ses années à Nazareth : Jésus aide son père adoptif dans la charpenterie.

Étude de la sculpture
Ces figures se réalisaient en plâtre avant d'être sculptées.

33

La visitation
La Vierge Marie rend visite à sa cousine Élisabeth pour lui raconter qu'elle est enceinte du Messie.

36

La Providence
La Divine Providence est représentée par la main qui mène et l'oeil qui voit tout.

34

L'Immaculée Conception
Elle rappelle le dogme de l'Église Catholique qui affirme que la Vierge fut conçue en dehors du péché originel.

35

L'anagramme de Marie
L'initiale se son prénom porte l'étoile qui identifie la Vierge.

37

39

32

Lampe à trois branches
Le piédestal de la Vierge est une lampe dont les trois branches symbolisent la Sainte Trinité.

37 Jésus dans les bras de Simon

Suivant les lois des Hébreux, Joseph et Marie présentent leur fils au temple où le prêtre Simon le bénit.

112

HOMMES
travaillaient dans le temple en 1897.

38

Les épis
Les raisins et les épis de blé symbolisent le vin et le pain qui sont partagés dans la sacristie.

39 Saint Jean Baptiste, Jésus et Zacharie

Le personnage de droite est Saint Zacharie, le père de Saint Jean Baptiste (à gauche), cousin de Jésus, qui se trouve au centre, prêchant au temple.

L'Arbre de Vie

Le pinacle de la façade est l'ensemble symbolique des trois portails : il représente le triomphe de la vie et l'arrivée de Jésus.

La colomb
Elle repré-sente les fidèles qui vont à Die

40 L'anagramme de Jésus

Les lettres JHS qui désignent Jésus-Christ sont sur une croix, sur les côtés de laquelle figurent les lettres grecques alpha, et omega. Cet ana-gramme symbolise le fait que la croix, c'est à dire Jésus-Christ, représente le début et la fin de tout.

Encens
L'anagramme de Jésus est enrobée de vo-lutes d'encens des anges.

?

POURQUOI JÉSUS EST IL ABRÉGÉ COMME JHS ?
Ces lettres proviennent du nom Jesu-christus. Le *J* est l'initiale, le *H* est la lettre centrale et le *S* est en der-nier lieu.

21
COLOMBES
Nichées dans l'arbre de vie, chacune d'entre elles est taillée de marbre.

41 Le pélican

Symbole chrétien primitif, il représente l'Eucharistie, car ancien-nement, l'on croyait qui cet oiseau ouvrait sa poitrine pour nourrir ses poussins.

L'Oeuf
Il symbolise l'origine et la plénitude de la Nature.

42

Le cyprès
Cet arbre symbolise la vie éternelle par son bois résistant et ses feuilles toujours vertes.

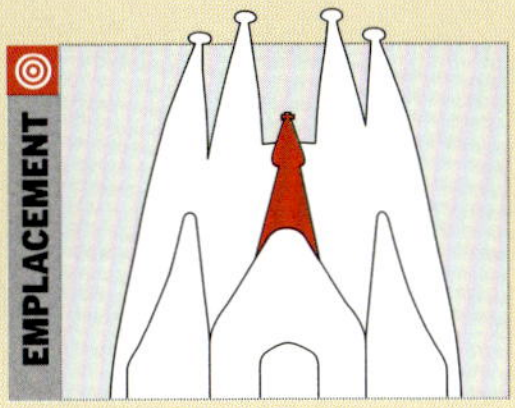

43 La Sainte Trinité

Le pinacle est couronné par la lettre grecque tau, initiale du nom de Dieu en grec, avec la croix, symbole de Jésus-Christ, et la colombe avec laquelle est identifié le Saint Esprit. C'est de cette façon qu'est représentée la Sainte Trinité.

Échelles
Les deux échelles appuyées contre le cyprès représentent le désir de parvenir à Dieu.

44 Anges portant le pain et le vin

Dans une autre référence évidente à l'Eucharistie, des anges prennent le sang du Christ pour le distribuer entre l'humanité, tandis que d'autres se chargent de répartir le pain.

45

Les anges encenseurs
Signe de purification, les anges diffusent la fumée sacrée avec leurs encensoirs.

LE PROCESSUS CRÉATIF DES SCULPTURES

Afin de doter ses personnages d'un plus grand réalisme physique et psychologique, Gaudí étudia méticuleusement le corps humain et créa une nouvelle technique de sculpture.

1 ÉTUDE DU SQUELETTE

Gaudí considérait que le squelette était la base de la sculpture, car il constitue la partie immuable du corps : celle qui lui donne son caractère et son aspect.

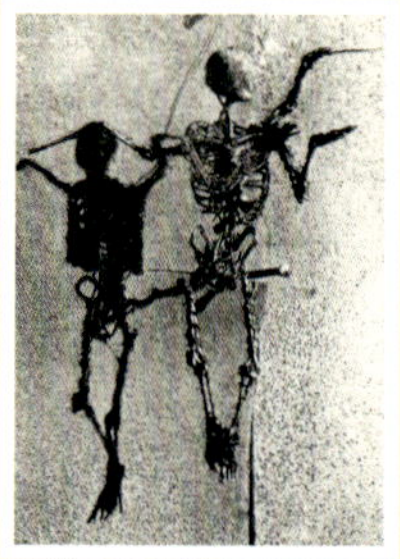

Squelette d'étude

JOUETS VIVANTS

Gaudí se servait de jouets accrochés à des fils pour étudier la position du personnage à représenter.

Esquisse de Christ crucifié (en haut) et ange (gauche).

2 PHOTOGRAPHIE DE MODÈLES

Afin d'assurer une vision complète de ses figures, Gaudí imagina un système de miroirs reflétant l'image du modèle sous tous les angles possibles et imaginables.

La photographie
L'artiste photographiait les modèles et leur reflet afin de pouvoir les étudier de façon plus détaillée.

3 TECHNIQUES DE MOULAGE

Une fois le modèle et la position corporelle à adopter choisis, Gaudí faisait un moulage direct des corps nus d'humains et d'animaux en plâtre.

La fuite vers l'Égypte. Moules.

L'ÂNE

Afin de réaliser la figure de l'âne pour *La fuite vers l'Égypte*, Gaudí fit un moulage d'un âne vivant. La solution qui permit d'éviter que l'animal ne bouge fut de le hisser avec une corde et de le laisser suspendu pendant le processus.

ANGES JOUEURS DE TROMPETTE

La plupart des modèles de Gaudí étaient des gens proches du temple. Pour réaliser certains de ses anges, il se servit de son collaborateur, le dessinateur Ricard Opisso.

4 CORRECTIONS DU MOULAGE

Après le moulage, la figure était corrigée et on lui mettait des vêtements. Puis l'on les copiait sur un autre modèle, dont l'on modifiait les proportions afin d'éviter les distorsions optiques dues à la hauteur.

Distorsion optique
Gaudí augmentait la hauteur des figures les plus élevées afin que l'on puisse les voir de la même manière que celles qui étaient placées plus bas.

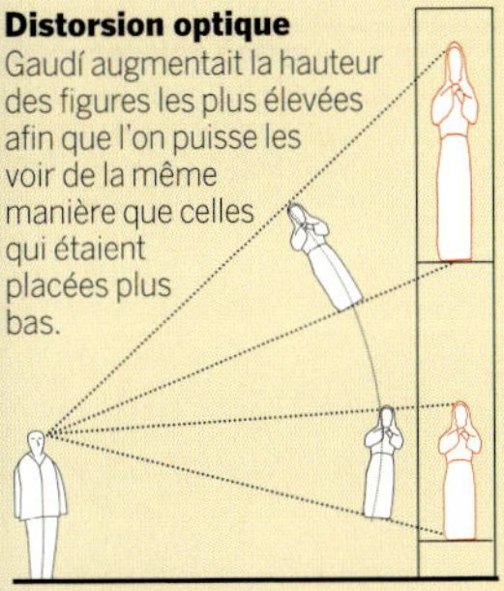

Têtes
Étude des moulages des têtes.

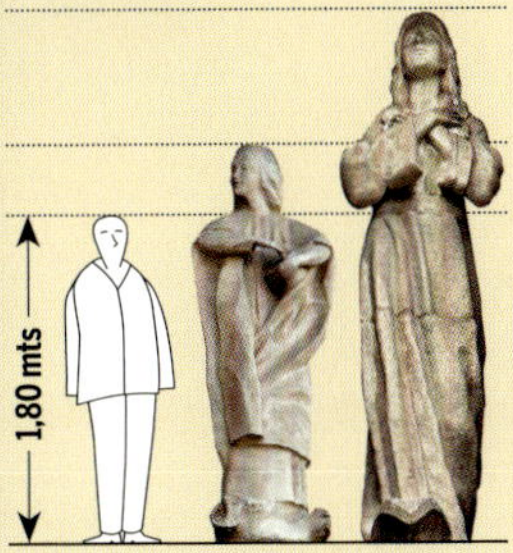

Les dimensions. Les dimensions des sculptures augmentent en fonction de la hauteur à laquelle elles sont situées.

5 TAILLÉ DANS LA PIERRE

Après cela, l'on procédait à une amplification à échelle réelle de la figure et l'on la posait à sa place pour faire les dernières retouches. Après s'être assurés que l'effet désiré était obtenu, l'on le sculptait en pierre.

Sculptant l'Annonciation

LES SCULPTEURS DE GAUDÍ

Gaudí compta plusieurs collaborateurs pour réaliser les sculptures du temple.

Llorenç Matamala (1856-1927)
Chef d'atelier de sculpture durant une grande partie de sa vie.

Joan Matamala (1893-1977)
Fils de Llorenç, il fut sculpteur et biographe de Gaudí.

Carles Mani (1866-1911)
Sculpteur maudit, il était un protégé de Gaudí.

01

02

03

04

05

06

07

08

09

10

01. Jésus charpentier. Un jeune Jésus travaille dans l'atelier de Joseph. **02. La colonne de Jésus.** Une bande hélicoïdale s'enroule autour de la colonne, où apparaît la généalogie de Jésus-Christ. **03. Les présents des bergers.** Jésus naît et un berger apporte comme présent un panier plein d'œufs. **04. Lettre A.** L'un de tant d'éléments topographiques de la façade de la Nativité. **05. Monogramme de Jésus.** Le sigle JHS est réalisé en acier. **06. L'adoration de Balthazar.** Dans un petit coffre, il offre de l'or à la Sainte Famille. **07. Le Zodiaque.** Gaudí représenta les constellations du Zodiaque telles qu'elles apparaîssaient la nuit où naquit Jésus. **08. La naissance de Jésus.** Marie habille l'enfant Jésus nouveau-né. **09. Chœur d'anges.** De nombreux anges annoncent l'arrivée du Messie. **10. Les oiseaux de pierre.** Vol d'oiseaux jaillissant de la pierre. **11. Animaux domestiques.** Un jars fait allusion à la faune du Nil. **12. Mort des Innocents.** Un bébé gît mort aux pieds d'un soldat. **13. La colombe.** L'Arbre de Vie accueille les colombes blanches, qui symbolisent les fidèles. **14. L'adoration de Gaspard.** Il apporte dans un bol de l'encens pour la naissance de Jésus.

11

12

13

14

06

FAÇADE DE LA PASSION

Dessin de la façade. Original de Gaudí, 1911.

FAÇADE DE LA PASSION

La représentation de la Mort

Gaudí conçut tous les éléments de la façade de façon à ce qu'ils reflètent la souffrance de la Passion de Jésus.

En observant la façade de la Passion, l'on ressent inévitablement un certain sentiment de froid, de tristesse. C'est là l'effet désiré, car elle est destinée à montrer la souffrance (Passion) de Jésus et sa mort. Gaudí était conscient de l'impact que le portail aurait sur las citadins, et décida pour cela de le construire une fois que toute la façade de la Naissance serait terminée. De cette façon, il évita le rejet populaire et eut plus de marge pour faire comprendre le message global du temple. Afin de communiquer la désolation et la douleur, Gaudí dépouilla la façade de tout ornement. Il en simplifia également la structure, lui donnant des formes aussi pures et dures que des os, la réduisant à la froide nudité de la pierre. Cette absence de décoration trouve sa raison d'être dans la nécessité de concentrer toute l'attention de l'ensemble sur les groupes de sculptures qui décrivent les derniers jours de la vie de Jésus. L'ensemble du portail fonctionne comme une énorme scène sur laquelle les événements les plus importants de la Passion du Christ se déroulent dans l'ordre chronologique ,sous les yeux de l'observateur. L'artiste catalan Josep Maria Subirachs fut chargé de réaliser les sculptures de cette façade et le fit à partir du matériel hérité de Gaudí. Son œuvre se caractérise par des formes anguleuses et schématiques, de profils très marqués, qui aident à accentuer le dramatisme de l'ensemble.

Soldat du groupe la « Verónica »

Façade de la Passion

La douleur et le sacrifice sculptés dans la pierre

En contraste avec l'optimisme et la vitalité qui émanent de l'exubérance décorative de la façade de la Nativité, celle de la Passion exprime avec austérité et dureté la douleur de la mort du Christ. Orientée vers le Couchant, où meurt chaque jour le soleil, cette façade rappelle la cruauté du sacrifice avec une série de groupes sculpturaux montrant les derniers jours de Jésus.

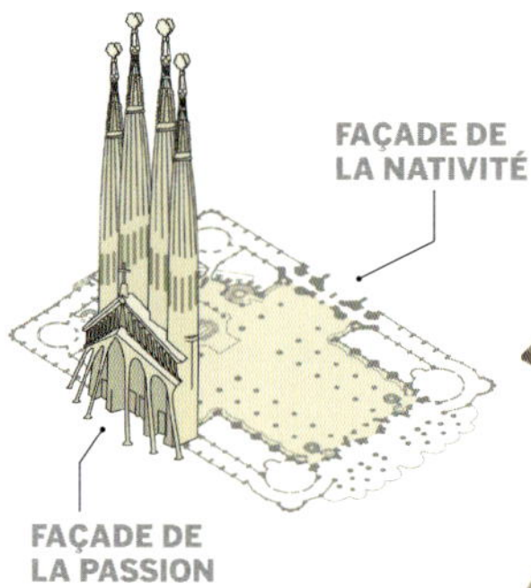

La Passion selon Gaudí
En 1911, Gaudí se retira à Puigcerdá pour se rétablir d'une grave maladie qui lui coûta presque la vie. Inspiré de sa propre souffrance, il s'appliqua à dessiner la façade de la Passion, où il désira insuffler toute la dureté du sacrifice. Gaudí laissa derrière lui plusieurs dessins, ébauches et esquisses pour montrer comment devrait se réalisr sa structure ainsi que comment il faudrait la décorer.
En 1954, l'on commença à construire la façade d'après le projet de Gaudí, qui consiste d'une corniche soutenue par six colonnes inclinées, sur laquelle se dresse une vaste galerie couverte, reposant sur dix-huit petites colonnes ressemblant à des os. Cet atrium fut le dernier élément de la façade de la Passion à être achevé.

CHRONOLOGIE
ÉVOLUTION DE LA FAÇADE

> **“Peut-être que l’on trouvera cette façade trop extravagante, mais je voulais qu’elle fasse peur, et pour y arriver, je ne lésinerai pas sur le clair-obscur...”**
>
> Antoni Gaudí

Les sculptures se regardent de cette façon : La ligne en pointillés indique l’ordre qu’il faut suivre pour regarder les sculptures.

Subirachs, le sculpteur

En 1986, l’artiste Josep Maria Subirachs se proposa pour la réalisation des groupes sculpturaux de la façade. Après une année passée à étudier l’œuvre Gaudíenne, Subirachs commença à sculpter en 1987 et dès ce moment-là, tout comme le fit Gaudí, il se consacra pleinement à ce qui devint l’œuvre la plus importante de sa vie. Ainsi qu’il le manifeste dans ses sculptures, Subirachs se définit comme un sculpteur extrêmement cérébral.

La façade de la Passion
Le sculpteur Subirachs fit en sorte que l’ordre des scènes, de la Sainte Cène à l’enterrement, forme un « S » afin de reproduire le chemin suivi par Jésus sur le Calvaire.

Colonnes arborescentes

Pour pouvoir soutenir le poids du portique, Gaudí conçut de gigantesques colonnes inclinées ressemblant à des troncs de séquoia. Ces monumentales masses de pierre, exemptes de la moindre décoration, augmentent la sensation de dénuement et de désolation de l’ensemble.

La référence
Gaudí fit calquer de manière précise la forme de la colonne sur celle de l’arbre.

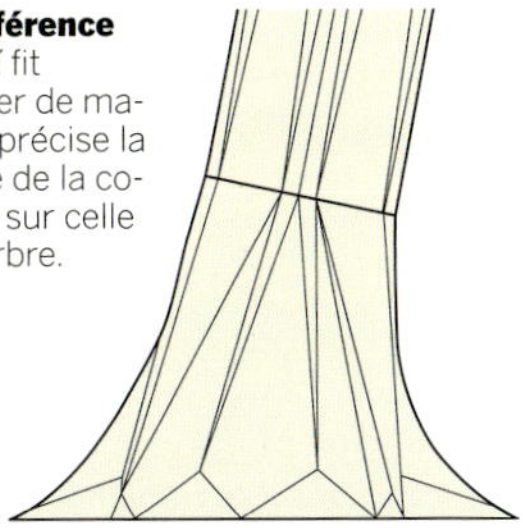

Niveau inférieur

C'est là que sont immortalisés les évènements qui se déroulèrent la nuit qui précéda la crucifixion de Jésus.

L'aigle romain
Il est placé sur la colonne où l'on trouve gravé : « *Tibère, empereur de Rome* ».

01 Le Dernier Repas

Le groupe sculptural le plus proche. L'on y voit le moment où Jésus, assis à table entre ses disciples, demande à Judas de le trahir le plus rapidement possible. Les visages des apôtres expriment une grande tristesse.

02 Pierre et les soldats

C'est le moment où Pierre tente d'éviter que les soldats n'emmènent Jésus.

L'oreille
Lors de sa lutte avec les soldats, Pierre réussit à couper l'oreille du serviteur du Grand Prêtre. L'apôtre n'abandonne le combat contre le garde que lorsque Jésus lui en donne l'ordre.

03 Le baiser de Judas

Achevant ainsi sa trahison, Judas donne un baiser à Jésus afin de montrer aux soldats qui est son maître. Cette scène eut lieu de nuit, et c'est pourquoi le contour des sculptures n'est pas nettement taillé, suggérant la façon dont se distingueraient ces figures dans l'obscurité.

Le serpent
Traditionnellement celui-ci représente ce qui a trait au mal et symbolise dans ce cas précis le diable qui inspire le traître disciple à dénoncer Jésus. C'est pour cela qu'il est situé derrière le personnage de Judas.

Le chien
Il appartient au groupe de la Sainte Cène. Il symbolise la fidélité ou l'indifférence envers la trahison.

Le coq. Tout comme ce qui avait été prédit, Pierre nie connaître Jésus jusqu'à ce que le coq annonce de son chant l'aube d' un jour nouveau.

04 La reniement de Pierre

Les trois femmes symbolisent le nombre de fois où Pierre nie connaître Jésus. L'apôtre apparaît enveloppé d'un drap (métaphore de son reniement), honteux de sa lâcheté.

05 Ecce Homo

Après avoir été fouetté, Jésus est présenté devant le peuple avec sa couronne d'épines.

06 Le jugement de Jésus

Pilate se lave les mains ; de ce geste, le gouverneur renonce à décider du sort de Jésus-Christ.

Le cryptogramme
Il contient seize chiffres. Leur somme, en 310 combinaison différentes, donne invariablement 33, l'âge qu'avait le Christ lorsqu'il mourut.

Le labyrinthe
Un symbole récupéré des cathédrales médiévales et qui rappelle le chemin de Jésus suivant sa capture.

Les portes

La parole est présente sur les trois portes, tandis que l'image de la flagellation de Jésus domine l'ensemble.

Alpha et Omega
La première et la dernière lettre de l'alphabet grec, elles symbolisent le commencement et la fin de la création.

07 Portes de l'Évangile

Cette reproduction du texte de l'Évangile sur la porte centrale narre ce que les sculptures de la façade illustrent, c'est à dire, les deux derniers jours de Jésus. D'une certaine façon, les portes sont comparables aux pages d'un gigantesque Nouveau Testament qui sert de toile de fond à la figure de la flagellation.

8.000
CARACTÈRES
de bronze furent fondus pour réaliser l'écriture du texte de la porte.

08 La flagellation

La solitude de Jésus durant sa flagellation est représentée par son emplacement : cette figure se trouve entre la négation de Pierre et la trahison de Judas. C'est là la sculpture la plus importante du niveau inférieur, c'est pourquoi elle mesure cinq mètres de haut et fut réalisée en marbre de type travertin.

Le fossilel
D'après le sculpteur, le bloc de marbre contenait un fossile de palmier, symbole du martyre.

La canne
Elle représente les moqueries endurées par Jésus lorsque les soldats lui donnèrent une canne en guise de sceptre, signe de royauté.

La clef
Elle se trouve sur la porte du Couronnement d'Épines.

La colonne
Divisée en quatre parties symbolisant les quatre bras de la croix. Celles-ci sont décalées pour évoquer la fin du monde ancien.

Le nœud
Sculpté avec un grand réalisme, le nœud représente les tortures physiques souffertes par Jésus.

09 Porte de Gethsémani

Elle représente, avec ses reliefs et ses vers, le jardin où Jésus pria avant d'être fait prisonnier alors que ses disciples dormaient.

10 Porte du Couronnement d'Épines

Elle exprime le martyre enduré par Jésus. Sa surface est gravée d'une citation de la Divine Comédie ainsi que de quelques poèmes.

Niveau intermédiaire

Dominé par le visage de Jésus scellé dans la « Verónica », ce niveau représente le chemin vers la crucifixion.

Détail
Cette figure représente une petite fille du groupe de femmes de Jérusalem que Jésus rencontre en chemin vers la montagne du calvaire.

11 Longino

L'on croit que ce soldat traversa de sa lance le flanc de Jésus sur la croix. Plus tard, il se convertit au christianisme et devint un martyre de l'Église.

12 La « Verónica » et l'évangéliste

Celle-ci montre la seconde chute de Jésus sur le chemin du calvaire. Véronique apparaît au milieu de cette scène, montrant le tissu où est resté marqué le visage de Jésus. Cette figure n'a pas de visage afin de conserver la prépondérance du visage de Jésus. Ici, le sculpteur rend hommage a Gaudí : sur l'évangéliste et sur les casques des soldats, qui représentent les cheminées de la Casa Milà.

13 Les Trois Maries et Simon de Cyrène

Jésus tombe alors que Simon de Cyrène l'aide à lever la croix. Les trois femmes qui pleurent représentent la Vierge, Marie de Cléophas et Marie Madeleine.

Première esquisse de la façade
Le premier plan de Gaudí pour la façade de la Passion ressemblait beaucoup, en structure et imagerie, à celle de la Nativité.

Hommage à Gaudí. Subirachs utilisa cette photographie comme base pour représenter Gaudí dans l'évangéliste qui relatera la mort de Jésus.

La Pedrera. Dans un autre hommage à Gaudí, Subirachs copia les cheminées de la Pedrera sur les casques de ses soldats romains.

Image en négatif. C'est la méthode de sculpture choisie pour représenter le visage de Jésus imprimé sur le tissu que Véronique lui donna pour s'essuyer.

Niveau supérieur

Ce niveau représente, de façon dramatique, la mort de Jésus sur la croix et son enterrement dans le sépulcre.

Nicodème Ce personnage aida Joseph d'Arimathé à enterrer Jésus.

14 Soldats jouant aux dés

Les soldats se jouent les vêtements de Jésus. La table a la forme d'os d'agneau qui est à l'origine du jeu de dés.

17 L'enterrement

La dernière scène. Le corps de Jésus, enveloppé d'un drap, est déposé dans le sépulcre par Joseph d'Arimathée, aidé de Nicodème. Marie est agenouillée dans l'entrée du sépulcre.

Œuf. Symbole de sainteté et de résurrection.

15 La crucifixion

Jésus est déjà mort sur la croix. À sa gauche se trouvent Marie Madeleine, agenouillée, et la Vierge Marie, consolée par Jean. Un peu plus au fond apparaît Marie de Cléophas. La croix est faite de deux poutres de fer. La partie frontale du bout de la poutre verticale est peinte en rouge, accentuant le I, la première lettre de l'inscription I.N.R.I.

18

La lune Solitaire, de côté, elle représente la nuit.

19

La Mort Elle est représentée par un crâne solitaire.

DONNÉE

PROPORTION DES ÉLÉMENTS

Dessin de la Passion C'est ainsi que serait la façade une fois achevée, d'après Berenguer.

EMPLACEMENT

16 Le voile déchiré

Cette structure de bronze représente le voile qui séparait l'endroit le plus saint du Temple de Jérusalem du reste des locaux. Lorsque Jésus mourut, ce voile fut déchiré de haut en bas, et à travers de celui-ci l'on distingue l'arc supérieur de l'atrium sur lequel apparaissent une série d'inscriptions, de lettres et de dessins polychromes.

Détail du voile. Afin d'obtenir un effet ressemblant à du tissu, le voile de bronze forme des plis.

Détail de l'atrium. Sur l'arc supérieur sont combinés des lettres et dessins forts en couleurs.

01

02

03

04

01. La flagellation de Jésus. Seul devant les portes de l'Évangile. **02. L'ascension du Christ.** La façade est couronnée par une sculpture de bronze de 5 mètres de haut et 2.000 kilos de poids. **03. Le cheval de Longino.** C'est le cheval du soldat qui, selon la tradition, transperça Jésus de sa lance. **04. L'agneau.** De céramique multicolore, il symbolise la résurrection de Jésus. **05. La porte du Couronnement d'Épines.** Le sculpteur Subirachs exprima au travers de celle-ci la souffrance de Jésus. **06. Pilate.** Le procurateur romain apparaît assis aux côtés de l'Ecce Homo. **07. Conciliabule.** Situé des deux côtés de la façade. **08. Le dernier repas.** Les apôtres affligés au moment où Jésus annonce qu'il va-t- être trahi.

05

06

07

08

07

FAÇADE DE LA GLOIRE

Façade de la Gloire

La plus importante et monumentale d'entre toutes

La façade de la Gloire décrira le combat de l'Humanité pour atteindre la vie éternelle et le chemin emprunté par chacun pour y parvenir. C'est pour cela que Gaudí voulut représenter la Mort, le passage préalable inévitable ; le Jugement Dernier, présidé par Jésus-Christ ; la Gloire qui constitue la récompense des hommes droits, et l'Enfer, châtiment éternel que Dieu inflige à ceux qui s'éloignent de ses lois.

Une entrée du temple spectaculaire

Gaudí n'acheva pas tous les détails de la façade de la Gloire, mais il en fit une maquette montrant comment serait le sol ainsi que l'essetiel de ses formes et structures.Il concrétisa également son contenu symbolique et iconographique, hautement complexe et résolument Gaudíen. Cette façade est le monument clef que Gaudí conçut pour l'accès à l'intérieur du temple de la Sagrada Familia.

Il souhaitait faire en sorte qu'avant de pénétrer dans l'enceinte sacrée, le visiteur soit conscient de la création de l'homme ainsi que de son but dans ce monde. Pour les portes, Gaudí imagina de grands nuages lumineux s'accrochés aux clochers et sur lesquels l'on lira le Credo : la prière qui résume les dogmes de la foi chrétienne.

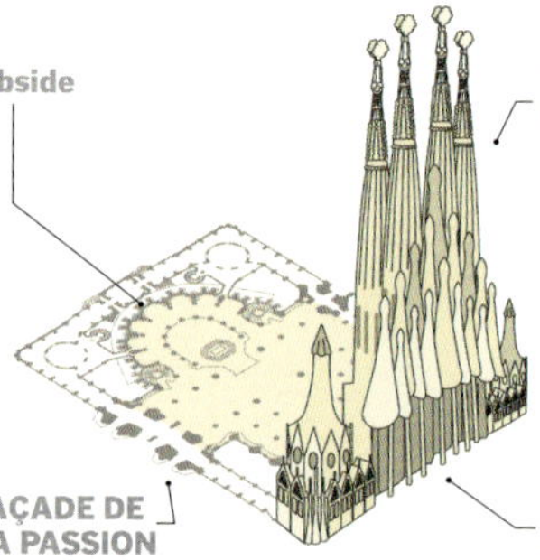

Maquette réalisée par Gaudí
Le portail est couvert par les quatre voûtes des clochers et seize lanternes disposées dans l'ordre croissant partant des côtés vers le centre et d'avant en arrière.

Clochers
Les plus hauts des trois façades. Ils évoquent Saint Pierre, Saint Paul et Saint André et Saint Jacques le Vieux.

Jésus
Afin d'achever le Jugement Dernier, le Christ est représenté avec tous les attributs de la Passion, entouré d'anges.

Baptistère
Il est orné d'allégories du baptême.

La Mort
D'après le projet original, elle est représentée au moyen de sépultures.

L'escalier d'entrée du temple
Quelques marches et une esplanade mènent au portail de la Gloire.

> **L'originalité ne doit pas être recherchée, elle en deviendrait une extravagance. Il faut observer ce qui est fait habituellement et tenter de l'améliorer"**
>
> Antoni Gaudí

Montserrat. Le portail s'inspire des formes étranges qu'adopte le massif de Montserrat.

Le Credo
Les lettres du mot Credo sont illuminées afin de de lire de très loin, jour et nuit.

16
LANTERNES
de tailles différentes forment le portail.

Genèse
Dans les nuages où se nichent les lanternes, la création du monde est racontée d'après la Genèse.

Chapelle de la Pénitence

DONNÉE
ÉTUDE URBANISTIQUE DE 1975

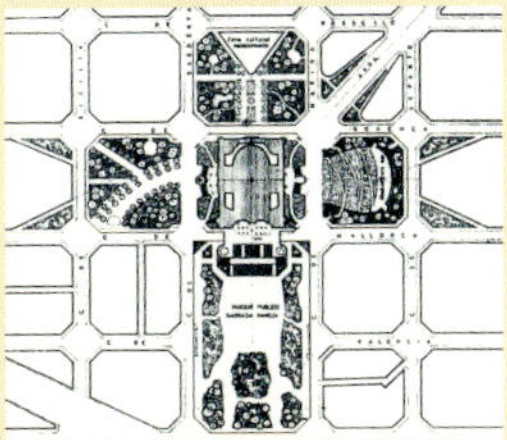

Zone en forme de croix
Selon une proposition faite en 1975, l'on mettrait un jardin devant la façade de la Gloire qui arriverait jusqu'à l'Avenue Diagonal. La municipalité travaille actuellement à d'autres solutions urbanistiques différentes de la croix proposée à l'origine.

Portail de la Gloire

L'histoire de l'homme et tous les piliers de la foi chrétienne sont représentés sur le portail de la Gloire.

La symbologie du portail

Toutes les étapes de l'être humain sont représentées sur cette façade. Sur les portes se trouvent Adam et Ève, les parents de la lignée humaine. Au dessus de ces derniers, Saint Joseph dans sa charpenterie, entouré d'ouvriers. Plus haut encore sont représentés la Foi, l'Espoir, la Charité, représentés par l'Arche de l'Alliance, l'Arche de Noé et la Maison de Nazareth. L'endroit le plus élevé de l'axe central est réservé à la Vierge. Son regard se dirige vers Jésus que l'on voit juger l'Humanité. Une grande rosace symbolise le Saint Esprit et au dessus de celui-ci, au point culminant se découpe le personnage majestueux de Dieu le Père.

Les anges trompettistes
Et l'arche de Noé sont aussi représentés sur le portail.

Le porche. Interprétation de Berenguer.

1°

Porte du Baptême
On y lit la requête: « Notre Père qui êtes aux cieux, que Ton Nom soit sanctifié ».

2°

Porte de l'Extrême - Onction
C'est le sacrément administré aux mourants « Que votre règne arrive ».

3°

Porte de l'Ordre
Elle fait référence au sacerdoce « Que votre Volonté soit faite sur Terre comme au Ciel ».

4°

Porte de l'Eucharistie
Cette porte mène à la nef principale. « Donnez nous le pain de chaque jour ».

La Gloire, d'après Titien
C'est ainsi que le peintre renaissantiste représenta le Ciel, la demeure de Dieu.

Colonnes et portes

Gaudí conçut sept colonnes extérieures pour soutenir le porche, où seraient inscrits les sept dons du Saint Esprit. À leur pied apparaîtront les sept péchés capitaux et sur les chapiteaux, leurs vertus opposées. Chacune des sept portes qui donnent accès au temple est consacrée à un sacrément de l'Église et à une requête de la prière du Notre Père. Toutes les portes sont de profondeurs différentes car le mur est ondulé. Celle qui est le plus en avant sera la porte centrale, qui est à son tour divisée en trois portes.

La façade la plus importante
Elle occupe cinq nefs et a la meilleure situation, vu qu'elle est orientée vers le midi.

> **La construction de la Sagrada Familia est lente car le maître de cette œuvre n'est pas pressé"**
>
> Antoni Gaudí

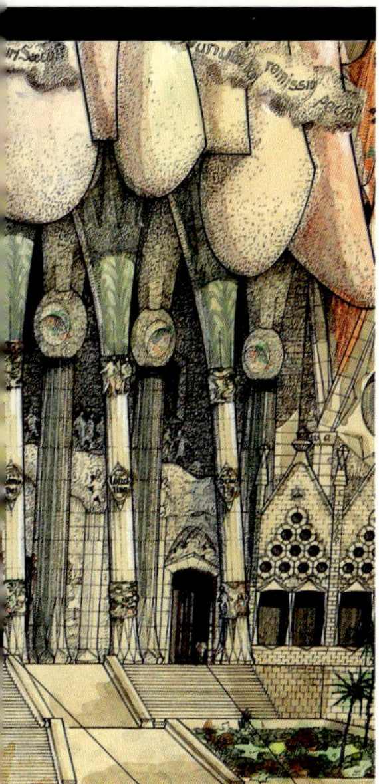

Monument au Feu et à l'Eau
Situé sur la place qui précède le temple, devant la chapelle de la Pénitence, se trouve une torche monumentale à plusieurs bras, alors que de l'autre côté, en face du baptistère, se dresse une fontaine qui projette de l'eau à grande hauteur, rappelant les quatre rivières du paradis.

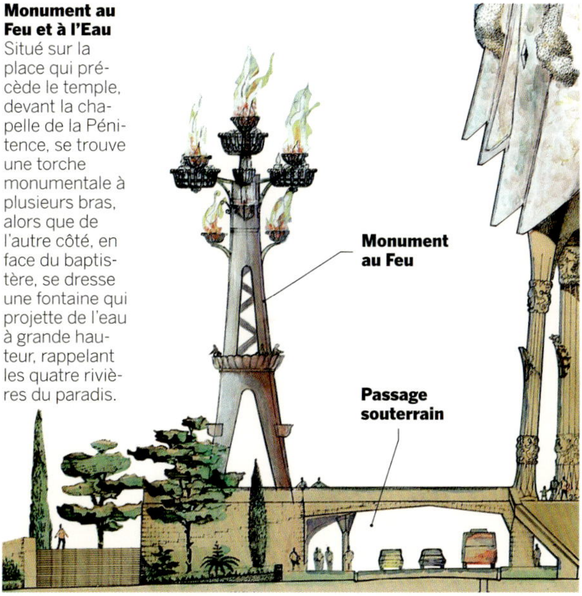

5°
Porte de la Confirmation
« Pardonnez-nous nos offenses comme nous pardonnons aussi à ceux qui nous ont offensés ».

6°
Porte du Mariage
Le sacrément du mariage. Il nous dit « Ne nous abandonnez point à la tentation ».

7°
Porte de la Pénitence
Il donne accès à la chapelle de la pénitence, et est associée à « Et délivrez-nous du mal ».

PROCÉDÉ
CONCEPTION DU BAPTISTÈRE

Au travers du baptême, l'homme se purifie de ses péchés et commence à faire partie de l'Église. C'est pour cela que Gaudí donna à la chapelle du baptistère une place proéminente sur la façade. Elle compte trois portes : l'une donne sur la rue, l'autre sur le cloître et le dernière sur le temple.

Dessin réalisé par Berenguer.

Le passage souterrain

Dans le projet original de Gaudí, pour pouvoir accéder au portail de la Gloire, il aurait fallu construire une énorme plateforme au dessus de la rue Mallorca, ainsi que des escaliers de l'autre côté de la rue. De cette manière, l'on créait un passage souterrain qui restait dans la pénombre. Gaudí voulut profiter de ce manque de lumière pour représenter l'Enfer. Dans cette zone, l'on aurait représenté des créatures démoniaques. Son style, selon les prévisions de Gaudí, oscille entre l'expressionnisme et l'art populaire.

08

LES TOURS DU TEMPLE

LES TOURS DU TEMPLE

Caressant le ciel

Gaudí conçut l'ensemble de l'extérieur du temple pour en faire le bâtiment le plus frappant de la ville.

À toutes les époques et dans toutes les civilisations, les bâtiments religieux ont toujours cherché à se distinguer du reste des édifices par leur forme et surtout par leurs dimensions. La hauteur donne aux bâtiments prestige et dignité et est par nature un symbole mystique qui représente l'union avec Dieu. Gaudí voulait que son temple soit plus proche du ciel que tout autre bâtiment de Barcelone. C'est pourquoi il dota l'ensemble de l'extérieur de dimensions extraordinaires. Cet ensemble est composé de dix-huit tours de hauteurs croissantes, selon la hiérarchie symbolique qu'elles représentent. C'est ainsi que le ciborium central, le plus élevé d'entre tous, est celui qui représentera Jésus-Christ, avec une hauteur atteignant 170 mètres. Le suivent, en premier lieu, le ciborium dédié à la Vierge Marie, de 120 mètres de haut, suivi des quatre qui sont consacrés aux évangélistes, de 125 mètres chacun. Enfin, les douze tours des clochers qui mettent en scène les trois façades. Leur profil parabolique, semblable à d'immenses aiguilles qui transpercent le ciel, fait des tours les élément les plus caractéristiques du temple, avec leur silhouette qui se découpe entre les immeubles de la ville. C'est pour ces raisons que le temple de la Sagrada Familia dépasse en majesté toute autre église chrétienne construite jusque là.

Judas, sculpture de l'apôtre sur le clocher

Les tours du temple

Ses immenses aiguilles définissent le paysage de Barcelone

L'ensemble de l'extérieur possède un symbolisme extraordinaire qui Gaudí sut exprimer au travers de quatre modèles de tours. Les quatre tours qui s'élèvent des trois façades représentent les douze apôtres.

La tour la plus élevée, qui symbolise Jésus, se situe sur le temple. Elle est encadrée par quatre cimboriums consacrés aux évangélistes. Enfin, une grande tour dédiée à la Vierge Marie recouvre l'abside.

Vue depuis la montagne. Grâce à leur hauteur, les tours de la Sagrada Familia dominent le paysage urbain.

Le phare de Barcelone

Gaudí voulait que les tours de la Sagrada Familia dépassent tous les autres bâtiments de la ville en hauteur pour indiquer la suprématie du divin sur l'humain. Le temple était censé devenir le point de référence du paysage urbain et par conséquent, il devait être visible de n'importe quel endroit de Barcelone. C'est pour cette raison que le ciborium central atteint 170 mètres. autrement dit, quelques mètres de moins que la montagne de Montjuic, car l'architecte jugeait qu'une œuvre humaine se devait de ne pas dépasser ce qui a été crée par Dieu.

1925

LE PREMIER CLOCHER EST ACHEVÉ

La tour de Saint Barnabé fut la première à être construite, et la seule que Gaudí vit terminée.

L'ensemble du temple en 1910
Dessin de l'extérieur du temple réalisé par Joan Rubio, l'un des architectes qui assistait Gaudí dans ses travaux.

COMPARAISON
LE TEMPLE ET AUTRES BÂTIMENTS

La tour centrale de la Sagrada Familia, dédiée à Jésus, dépasse en hauteur beaucoup des édifices les plus emblématiques du monde.

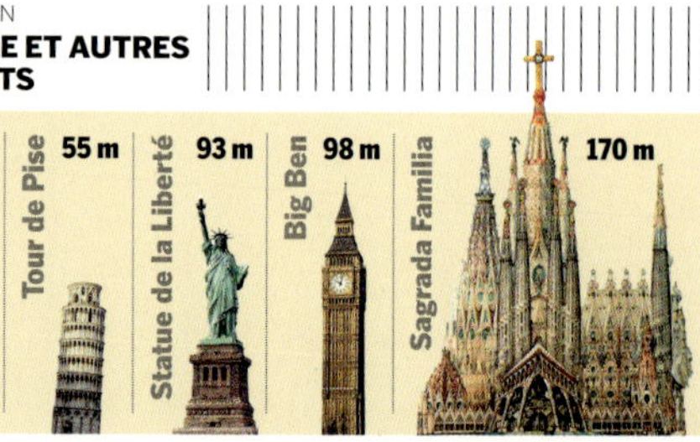

1
+100 MÈTRES
Clochers des Apôtres.

2
120 MÈTRES
Le ciborium de Marie.

3
125 MÈTRES
Tours des Évangélistes.

4
170 MÈTRES
Le ciborium de Jésus.

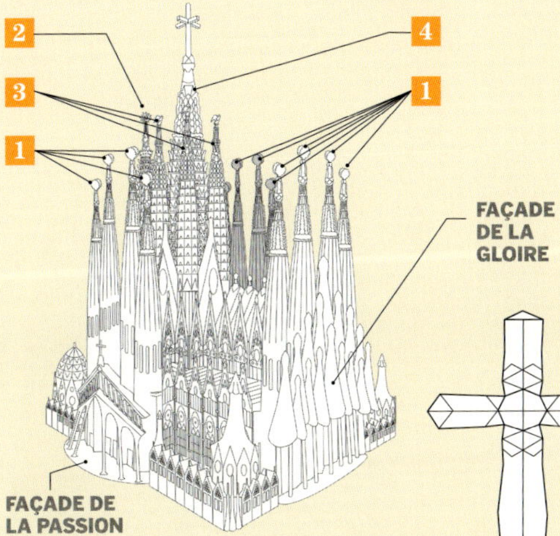

Tours des apôtres
De différentes hauteurs, elles vont de 100 à 118 mètres.

Inspirations

L'originalité de Gaudí provenait de son imagination, et d'un regard aussi pénétrant qu'analytique sur la réalité. Il reconnaissait lui-même que son mérite provenait en grande partie de sa faculté d'observer ce qui passait inaperçu pour d'autres. La figure conique singulière des tours a été comparée à trois réalités très différentes : les tours humaines réalisées par les « castellers », les mosquées nord africaines et la Vallée des Fées, en Turquie.

Les castellers
Gaudí affirmait que ses tours obéissaient aux mêmes lois d'équilibre que les tours humaines, réalisées par les "castellers", tradition très répandue en Catalogne.

Mosquée africaine
En 1892, Gaudí fit un voyage à Tanger, où il prit connaissance de cette façon de construire.

Vallée des Fées, Turquie
Gaudí s'inspira aussi de ces curieuses formations géologiques.

> **"La forme des tours, verticale et parabolique, est l'union de la gravité et de la lumière... sur la partie supérieure il y aura des appliques lumineux, comme la lumière naturelle qui parvient du ciel"**
>
> Antoni Gaudí

Les clochers

Posés sur les façades de la Nativité, de la Passion et de la Gloire, ils représentent les douze apôtres de Jésus.

Les terminaisons des clochers

Gaudí conçut des solutions complexes pour couronner les douze clochers. La première d'entre elles consistait d'une tour pavillon à base hexagonale, en forme de pyramide annelée. La seconde, finalement choisie, met le point final sur chaque tour avec un pinacle orné de mosaïques vénitiennes polychromes et couronné d'un écusson à deux faces, d'une croix et de plusieurs boules blanches qui représentent la mitre épiscopale.

L'apôtre Barnabé. Chaque clocher porte le nom et une sculpture de l'apôtre qu'il représente.

L'écusson
La finition du pinacle est un écusson à deux faces avec une croix dorée et, sur l'un des côtés, l'initiale de l'apôtre auquel le clocher est dédié.

Le creux des réflecteurs
Cette zone est conçue pour deux réverbères : l'un est dirigé vers la rue, l'autre vers les ciboriums centraux afin de les illuminer de nuit.

Prières
Sur chaque faîte, il y a six inscriptions verticales où peuvent se lire, alternativement, *Hosanna* et *Excelsis*. Chaque lettre est inscrite sur un écusson hexagonal.

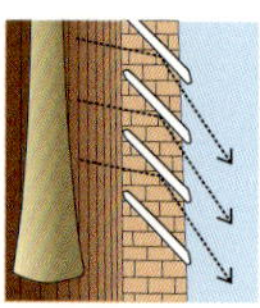

Visières pour orienter le son
Gaudí disposa les visières de fenêtres sur une inclinaison graduée afin que le son des cloches puisse être entendu dans toute la ville.

Les apôtres de la Passion
Les sculptures des apôtres des clochers de la façade de la passion sont l'œuvre de Josep Maria Subirachs.

La mitre
La mitre, ou coiffe des évêques est représentée par l'écusson à double face orné de boules blanches.

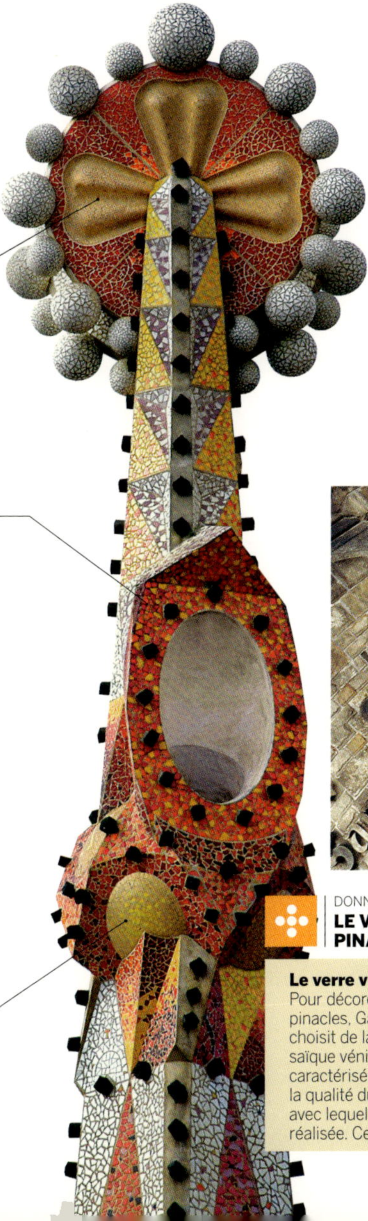

La crosse
Le tronc supérieur du pinacle est légèrement incliné en haut pour évoquer la forme curviligne des crosses.

L'anneau
Symbole d'autorité, l'anneau épiscopal est situé sous le tronc du pinacle.

Les pinacles

Mesurant 25 mètres de haut, les pinacles des tours ressortent par rapport au reste du clocher à cause des formes complexes qu'ils adoptent ainsi que le riche coloris des mosaïques dont ils sont revêtus. En eux, Gaudí réunit les symboles qui représentent les évêques : la croix, la mitre, la crosse et l'anneau. Les évêques sont représentés sur les clochers car ils sont chargés de mener à bien le travail des premiers apôtres.

Les phrases
Sur les pinacles se répète le mot *Sanctus*. Chaque groupe de trois *Sanctus* est dédié au Père, au Fils et au Saint Esprit.

DONNÉE
LE VERRE DES PINACLES

Le verre vénitien
Pour décorer les pinacles, Gaudí choisit de la mosaïque vénitienne, caractérisée par la qualité du verre avec lequel elle est réalisée. Celui-ci provient de Murano, une île mondialement célèbre grâce à la solidité et l'élégance du verre qu'elle élabore artisanalement depuis le XVème siècle.

Les clochers vus de l'intérieur

Mû par son esprit anticonformiste, Gaudí réalisa une étude acoustique afin que le son des cloches soit aussi parfait que le reste du temple.

La voix du temple

Gaudí voulait faire des cloches la voix du temple ; il fallait donc que leur acoustique soit riche et harmonieuse et que l'on puisse les entendre dans toute la ville. C'est pour cela qu'il fit des expériences avec divers types de cloches. Finalement, il décida que le temple en compterait trois sortes : certaines communes, d'autres accordées sur les notes mi, sol et do, d'autres encore, tubulaires.

La cloche tubulaire
Les cloches tubulaires sont fixes et sonneront grâce à des marteaux actionnés par un mécanisme électrique relié à un clavier, comme un énorme piano qui pourrait, de plus, émettre toutes les notes.

Les passerelles
Les clochers de chaque façade se relient entre eux au moyen de ponts ou de passerelles surélevées.

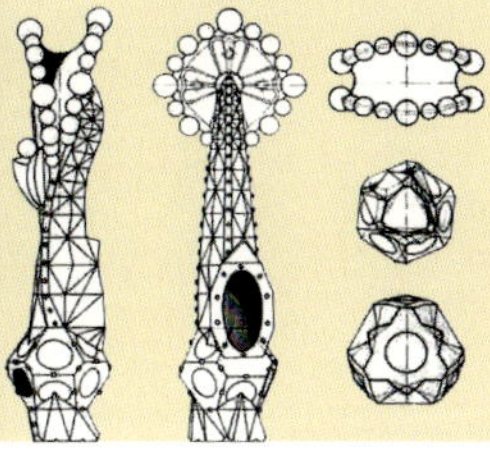

> **Cette explosion de mosaïques est la première chose que verront les navigateurs en s'approchant de Barcelone. Ce sera une bienvenue radieuse !"**
>
> Antoni Gaudí

L'intérieur
Les escaliers montent entre les murs extérieurs des tours. L'espace de l'intérieur est réservé aux cloches.

Espace destiné aux cloches
Le temple aura 60 cloches qui pendront de l'intérieur des clochers, à l'endroit où elles émettront leur meilleure qualité acoustique.

La base
Les clochers de la façade de la Nativité ont une base carrée, mais à partir de 20 mètres (à peu près un quart de leur hauteur) les étages deviennent circulaires.

Couloir intérieur
À une hauteur déterminée des clochers, il y a un couloir par lequel passent les escaliers.

?

QU'EST-CE QU'UN PINACLE ? Les pinacles sont des piliers qui s'achèvent en forme pyramidale et qui servent à couronner certaines tours.

L'escalier en colimaçon

Dans la partie inférieure des clochers se trouvent les escaliers en colimaçon. Comme ils sont très étroits, lorsqu'on y monte, l'on peut presque avoir l'impression de tourner sur soi-même. Afin de créer un effet plus riche, Gaudí disposa les escaliers de chaque paire de clochers de façon à ce qu'ils tournent en sens contraire. Les escaliers en colimaçon arrivent à la hauteur des balcons. À partir de là, les marches sont collées aux murs extérieurs, car l'espace creux de l'intérieur de la tour est réservé aux cloches.

Nature
Gaudí arriva à reproduire la nature avec une précision surprenante, comme l'on peut le voir en comparant la photographie ci-dessus (section d'une coquille d'escargot) et les escaliers.

426
MARCHES
dans chaque tour. Il faut un certain effort physique pour les escalader, mais celui-ci est largement récompensé par les vues magnifiques.

HISTORIQUE
CONSTRUCTION DES CLOCHERS

Les clochers que l'on commença à construire en premier lieu furent ceux de la façade de la Nativité. Gaudí ne vit terminé que celui dédié à Saint Barnabé, qui fut achevé en 1925, car il mourut en 1926, avant de pouvoir voir les trois autres complétés. Les tours de la façade de la Passion furent terminées en 1978.

Les ciboriums

Les six ciboriums centraux forment un ensemble monumental avec lequel l'extérieur du temple atteint son apogée.

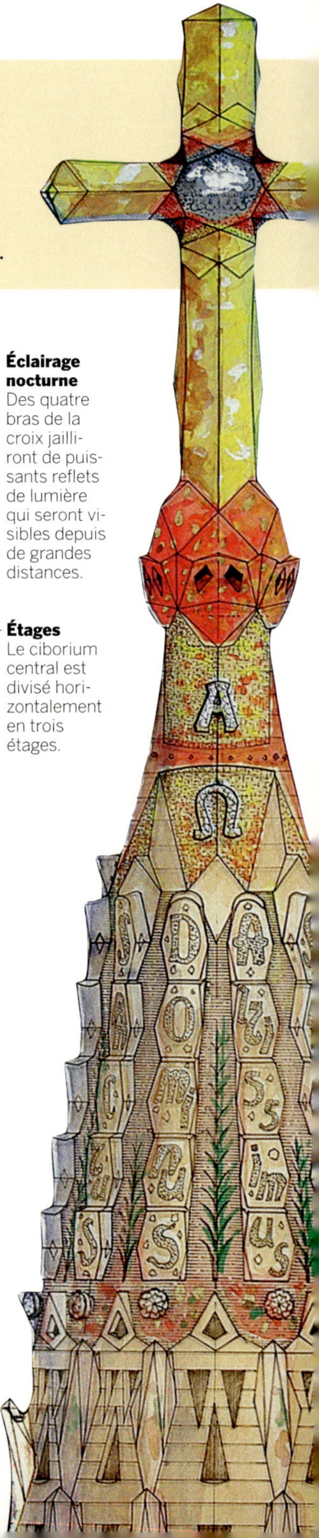

La tour de Jésus

Le ciborium central est celui qui représente Jésus et est donc le plus monumental d'entre tous. De sa partie supérieure descendront les mots *Amen* et *Aleluya*, et comme symbole du triomphe du Christ, il sera couronné d'une énorme croix à quatre branches qui atteindra 15 mètres de hauteur. Dans sa partie centrale, la croix portera un agneau. Sur la toiture, les mosaïques vénitiennes fleuries feront briller le ciborium sous les rayons du soleil.

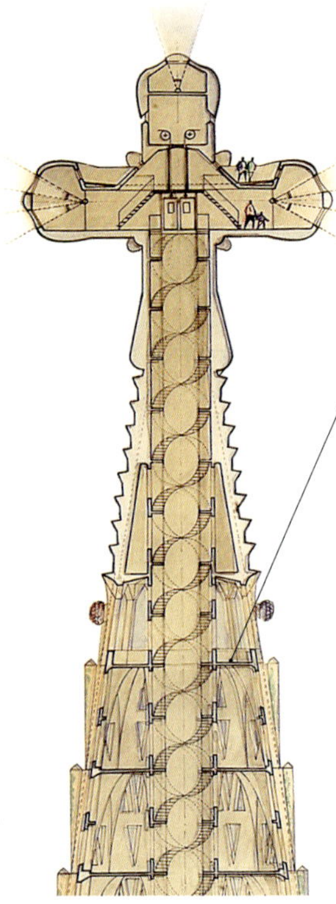

Éclairage nocturne
Des quatre bras de la croix jailliront de puissants reflets de lumière qui seront visibles depuis de grandes distances.

Étages
Le ciborium central est divisé horizontalement en trois étages.

L'architecte Quintana
Assistant de Gaudí, il réalisa une ébauche de la tour sur une feuille de papier de quatre mètres de long, l'obligeant à travailler par terre.

PROCÉDÉ
CONSTRUCTION DES CIBORIUMS

La sacristie comme expérience des ciboriums
Les six tours centrales ont une structure semblable à celle des sacristies, mais de plus amples proportions. Pour ce motif, Gaudí avait prévu que la construction d'une sacristie servirait d'expérience pour finir de déterminer la forme et les détails des ciboriums. De cette façon, l'on pouvait également étudier les éventuels problèmes qui pourraient surgir en appliquant une hauteur plus grande.

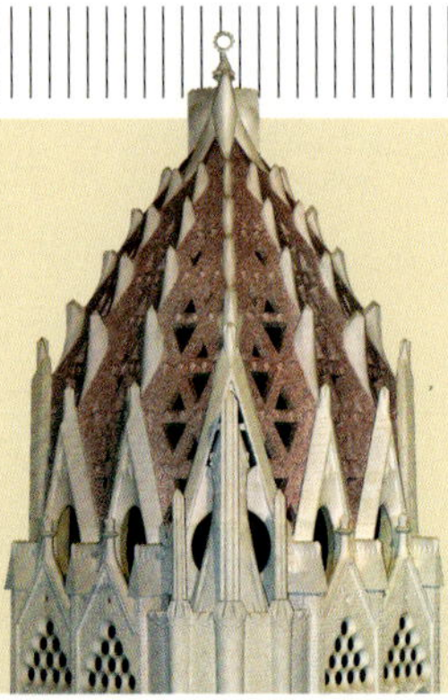

La croix à quatre branches L'utilisation de la croix tridimensionnelle développée par Gaudí fut réitérée dans beaucoup de des œuvres.

Bellesguard

Park Güell

Casa Batlló

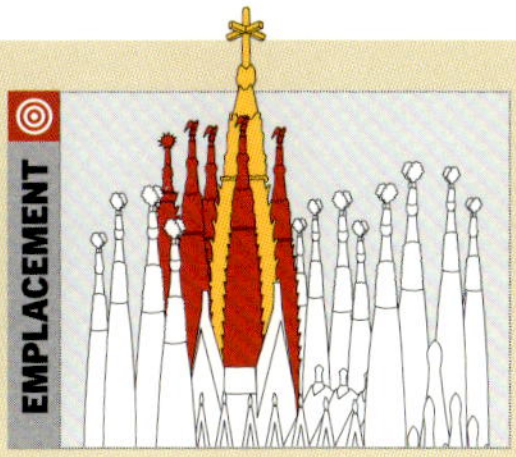

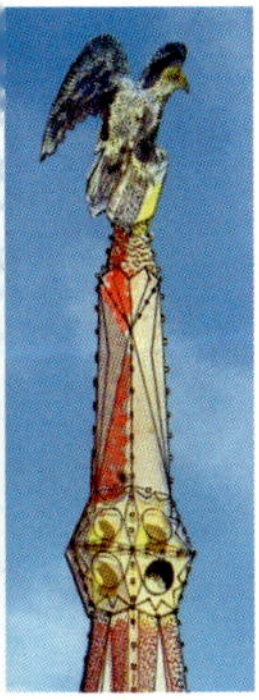
Tour de Saint Jean Symbolisée par un aigle.

Tour de Saint Marc Symbolisée par un lion.

Tour de Saint Matthieu Symbolisée par un ange.

Tour de Saint Luc Symbolisée par un bœuf.

Tour des Évangélistes

Les ciboriums dédiés aux évangélistes entoureront celui de Jésus, rappelant ainsi qu'ils furent ceux qu'il choisit pour répandre la vie du Christ. Chaque ciborium sera couronné su symbole représentant chaque évangéliste. De ces tours sortiront, la nuit, deux réverbères : l'un illuminera la rue (symbole de la lumière de l'Évangile éclairant les hommes) et l'autre, la tour de Jésus, pour rappeler au monde sa divinité.

?

QU'EST-CE QU'UN CIBORIUM ? Les ciboriums sont des tours aux étages carrés ou octogonaux qui se dressent sur la croisée d'une église ou d'un temple dans le but d'en éclairer l'intérieur.

La tour de Marie

Le ciborium dédié à la Vierge Marie se trouvera derrière l'abside, selon la tradition byzantine. L'élément le plus spectaculaire de cette tour sera l'étoile qui la couronnera. Il s'agira d'une grande étoile brillante qui représentera la *Stella matutina* (l'étoile du matin, ou étoile du berger), symbolisant le fait que tout comme cet astre annonçait le lever de Soleil, Marie précédait l'arrivée de Jésus.

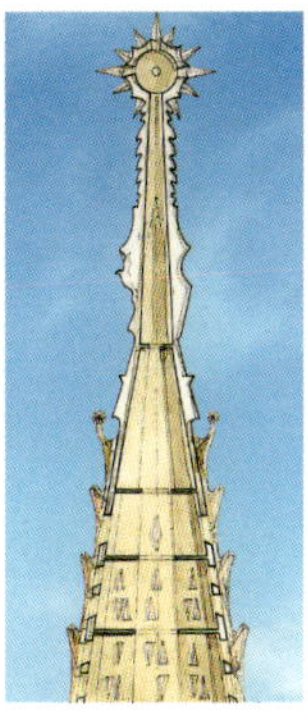
Section. Intérieur du ciborium dédié à Marie.

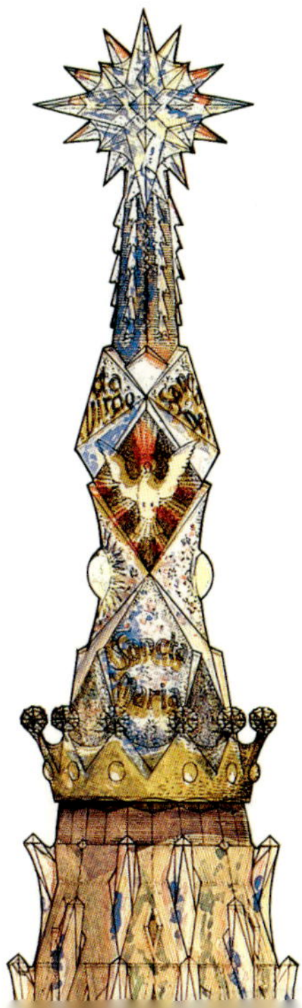

La décoration Le pinacle de la tour de Marie est couvert de mosaïques polychromées bleues, rosées et dorées.

> **"Les inscriptions seront comme un ruban hélicoïdal grimpant autour des tours. Tous ceux qui les liront, même les sceptiques, chanteront un hymne à la Sainte Trinité..."**
>
> Antoni Gaudí

LE SENS DES TOURS DU TEMPLE

Sur les tours du temple sont représentés les piliers de la Foi catholique : Jésus, Marie, les quatre auteurs du Nouveau Testament et les apôtres.

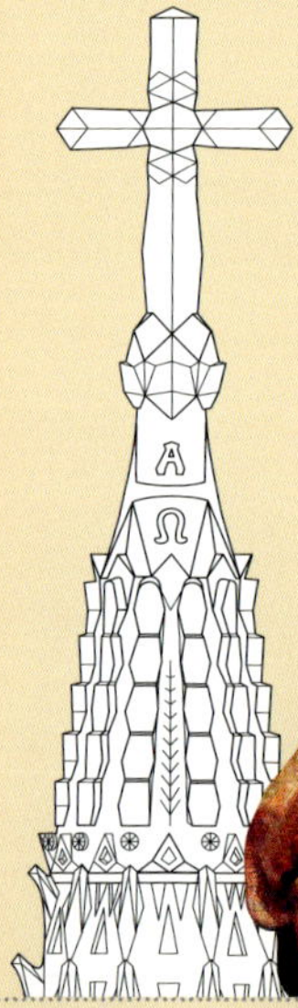

1 Jésus

Il est le fils de Dieu et le fondateur du christianisme, symbolisé par Gaudí avec la tour la plus haute couronnée de la croix.

2 Marie

La virginité de la mère de Jésus est l'un des principaux dogmes catholiques. Elle est représentée par la tour de l'abside couronnée d'une étoile lumineuse.

Les Évangélistes

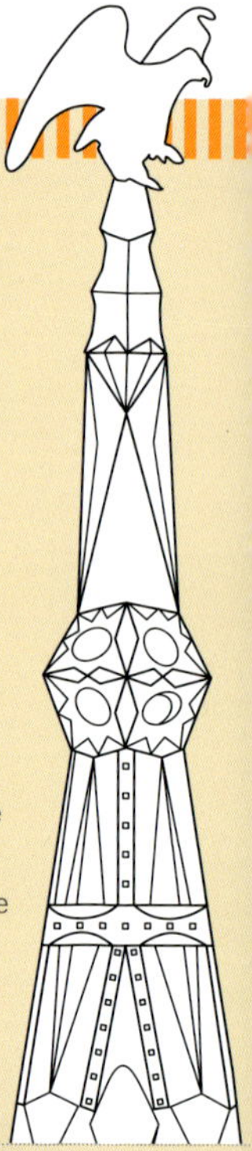

Ceux-ci furent chargés de raconter la vie de Jésus. L'union des quatre récits fait partie du Nouveau Testament.

3

MATTHIEU
Il fut l'apôtre de Jésus-Christ et l'auteur du premier Évangile. Son symbole traditionnel est l'ange.

MARC
Il est l'auteur du second Évangile et est symbolisé par un lion. Il fut l'interprète de Saint Pierre.

4

5

LUC
Auteur du troisième Évangile, il est symbolisé par un bœuf. Il fut le compagnon de l'apôtre Paul.

JEAN
Symbolisé par l'aigle, il fut l'apôtre de Jésus. Il est l'auteur du quatrième Évangile et de l'Apocalypse.

6

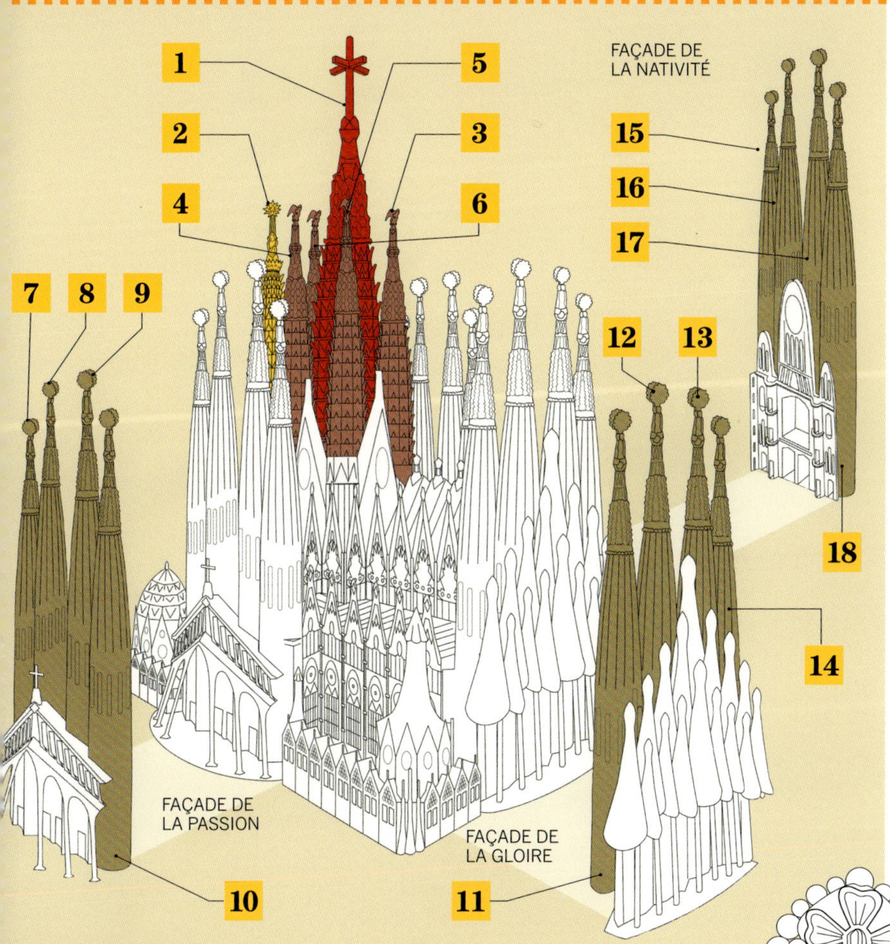

Les Apôtres

FAÇADE DE LA PASSION

7. JACQUES LE JEUNE Martyrisé à cause de sa foi.

8. BARTHOLOMÉ Il s'en fut prêcher en Inde et en Arabie.

9. THOMAS Il douta de la résurrection du Christ.

10. PHILIPPE Il fut l'un des premiers disciples.

FAÇADE DE LA GLOIRE

11. ANDRÉ Il mourut sur une croix en forme de X.

12. PIERRE Il fut choisi pour fonder l'église.

13. PAUL Il fut le premier théologien du christianisme.

14. JACQUES LE VIEUX Frère de Jean.

FAÇADE DE LA NATIVITÉ

15. MATTHIEU Prit la place de Judas Iscariote.

16. JUDAS Afin de le distinguer, on l'appelle Judas Tadeusz.

17. SIMON Son symbole est une scie.

18. BARNABÉ Il prêcha en Asie mineure et Chypre.

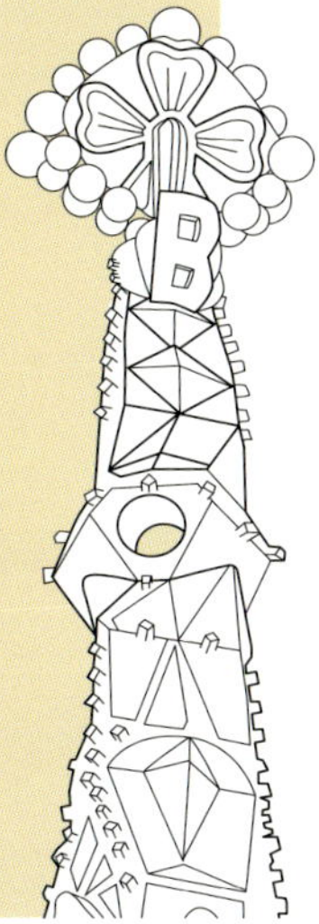

01

02

03

04

05

01. Pinacle de l'apôtre Matthieu. De formes complexes et décorés de verre vénitien, les pinacles représentent les évêques car ceux-ci continuèrent la mission de apôtres. **02. Le mot « Sanctus ».** Placée au dessus des baies vitrées, chaque ensemble de trois « Sanctus » est dédié au Père, au Fils et au Saint Esprit. **03. Les visières.** Les tours sont entièrement couvertes de visières qui propagent le son des cloches dans toute la ville. **04. Pinacles étoilés.** Sur la sculpture de l'apôtre Simon se trouve ce pinacle qui sert de terminaison aux niches de voûte. **05. Intérieur du clocher.** Quelques uns des clochers sont conçus afin d'abriter des cloches tubulaires qui pourront reproduire toutes les notes.

09

L'INTÉRIEUR DU TEMPLE

L'INTÉRIEUR DU TEMPLE

Un temple harmonieux et innovateur

La Sagrada Familia concentre en son intérieur l'essence de l'architecture de Gaudí.

Le sol en croix latine est l'unique concession que Gaudí fit à l'intérieur du temple aux structures classiques. Le reste des éléments architecturaux qui le composent sont, comme la plupart de l'œuvre de Gaudí, totalement originaux.

Le premier projet pour les nefs du temple, présenté en 1898, était principalement gothique, bien que la nécessité de contreforts ait été corrigée. Grâce à une étude minutieuse de poids, Gaudí réussit à transmettre les pressions des voûtes directement au sol à travers des arches de soutien.

Néanmoins, ce projet ne satisfaisait pas pleinement l'architecte pour deux motifs : le temple continuait à être essentiellement, gothique et chaque arc he dépendait mécaniquement de l'arche contigue, de manière que si l'un d'eux cédait, il entraînerait les autres dans sa chute. À 70 ans, Gaudí trouva dans les colonnes arborescentes la solution qu'il recherchait. Ces colonnes, inclinées et ramifiées comme un arbre, permettent d'éviter l'usage de contreforts en même temps que le poids des toitures se dirige directement au sol, libérant les murs extérieurs. Ce système ingénieux architectural a, de ce fait, une conséquence esthétique spectaculaire, puisque l'intérieur du temple se convertit en une énorme forêt de pierre, au travers de laquelle la lumière filtre harmonieusement des voûtes et des murs extérieurs.

Nœud taillé en pierre

L'intérieur du temple

Gaudí le conçut comme une colossale forêt mystique

Tout comme à l'intérieur du temple, Gaudí attribua à chaque élément de l'intérieur une valeur symbolique. L'ensemble est une exaltation de la foi et de l'Église universelle. Avec ses colonnes arborescentes, Gaudí voulait faire de la Sagrada Familia une énorme forêt spirituelle, un lieu qui incite à la prière, où le croyant se sente protégé et en communion avec Dieu.

La dimension symbolique
De même que les évangiles et les lettres qui se lisent durant la messe dominicale, les quatre prières journalières seront représentées à l'intérieur du temple. Le Saint Esprit sera symbolisé par le grand lustre qui illuminera l'autel, présidé par une croix de laquelle sortira une treille qui soutiendra l'autel sur lequel l'on verra le Calvaire de Jésus. La tour de l'abside sera couverte de mosaïques symbolisant les vêtements de Dieu couvrant la voûte céleste.

Colonnes arborescentes
Chaque colonne portera l'image d'un saint qui paraîtra s'élever grâce à elle vers le ciel. Les anges descendront de la partie supérieure vers la Terre.

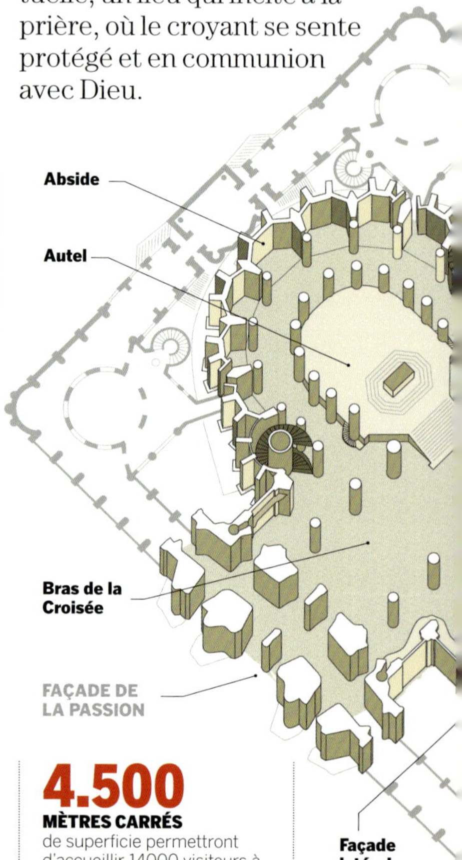

L'intérieur
Cette illustration de Berenguer montre l'espace de l'autel. Le dit autel se situera sous un arc triomphal duquel pendra un baldaquin.

4.500
MÈTRES CARRÉS
de superficie permettront d'accueillir 14000 visiteurs à l'intérieur du temple.

Maquette originale de Gaudí
Les travaux actuels de construction du temple se basent sur les maquettes que fit Gaudí pour réaliser ses études.

1

Les fruits de l'extérieur
Les sommets des murs extérieurs sont couronnés de paniers qui contiennent différents fruits, comme des citrons, figues, pommes et cerises. Ces éléments symbolisent les fruits que l'Esprit Saint sème sur la terre.

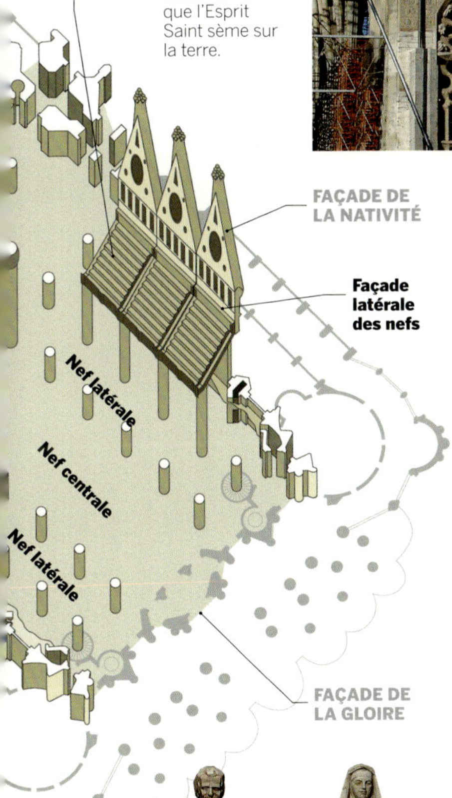

Façade latérale de la Nativité
Dans la partie intérieure se situeront les gradins destinés aux chœurs.

Phrases de l'extérieur
Entre les fenêtres apparaîtront des mots écrits comme *oració* (prière), *thus* (encens), *aurum* (or).

Les façades latérales des nefs

Grâce à l'ingénieux système constructif que Gaudí appliqua à l'intérieur, les murs latéraux se libérèrent du poids des toitures du temple. De cette manière, ils n'ont qu'à soutenir leur propre structure, ce qui leur permet d'être plus légers. Tous les murs sont parsemés de fenêtres de diverses dimensions qui illumineront harmonieusement les nefs du temple.

1

Les saints fondateurs
Placés à l'extérieur, sur la partie supérieure entre les baies vitrées, se trouvent les images des saints fondateurs d'ordres religieux. Ils sont dix au total.

Saint Jean Bosco

Sainte Jeanne de Vedrune

Saint Joseph Oriol

Les cinq nefs

Gaudí mit en valeur l'importance symbolique et spirituelle du temple en lui conférant des dimensions spectaculaires.

Un temple de grandes dimensions

Au sol, le temple prend la forme d'une croix latine, composée de cinq nefs, avec un transept de 60 mètres de long et 30 mètres de large. La longueur du temple, de l'entrée à l'abside, est de 90 mètres. Les voûtes de la nef centrale se situent à 45 mètres du sol, alors que les voûtes du ciborium central s'élèveront à 60 mètres. Avec ces dimensions, la Sagrada Familia sera l'un des plus grands temples du monde.

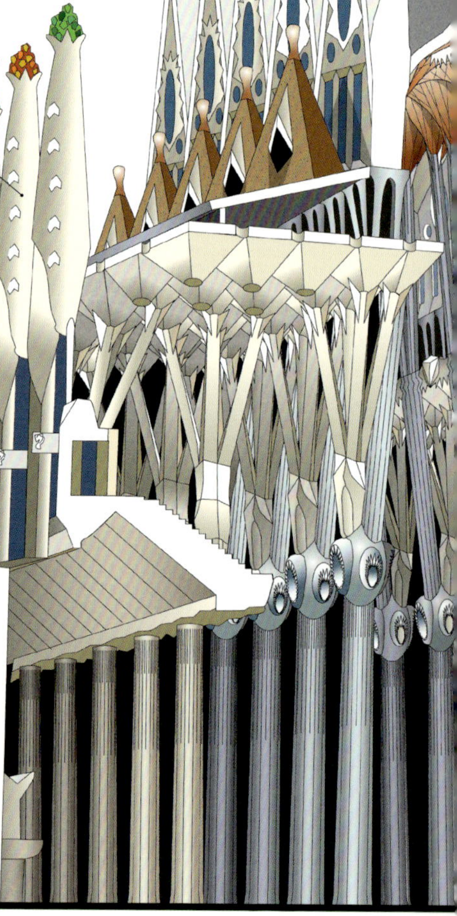

Les fenêtres. Certaines fenêtres rappellent les rosaces des cathédrales gothiques.

> **“L'intérieur du temple sera comme une forêt”**
>
> Antoni Gaudí

Emplacement
L'entrée principale du temple est située dans la façade de la Gloire, dont les cinq portes correspondent aux cinq nefs.

Dessin de l'intérieur
Cette illustration de Berenguer montre la porte de la façade de la Nativité. On peut observer l'autel sur la gauche.

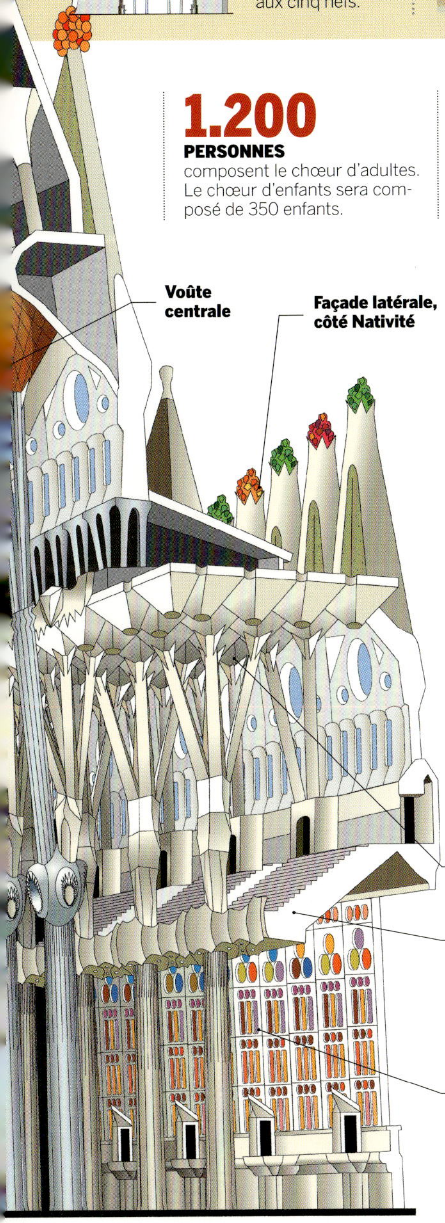

1.200
PERSONNES
composent le chœur d'adultes. Le chœur d'enfants sera composé de 350 enfants.

?

QU'EST-CE QU'UNE NEF ?
Les nefs sont les espaces créés entre deux files d'arches.
La nef centrale est celle qui est au centre du temple, de l'entrée jusqu'à l'abside.

Chœurs

Dans les nefs latérales se situent les gradins destinés aux chœurs d'adultes, qui chanteront lors des grandes célébrations. Ces gradins sont orientés vers l'autel principal et l'on y accède grâce à des escaliers en colimaçon. Le chœur des enfants sera dans l'abside et se composera de 350 enfants.

45
MÈTRES
C'est la hauteur qu'atteint la nef centrale.

30
MÈTRES
C'est ce que mesurent les voûtes des quatre nefs latérales.

CHORONOLOGIE
ÉVOLUTION DE LA CONSTRUCTION

1987 Les travaux de cimentation des nefs débutent.

1989 De nombreuses colonnes et les baies vitrées sont en place.

1997 Une fois les voûtes latérales terminées, l'on commence la centrale.

Les colonnes

Avec la colonne arborescente, Gaudí trouva la solution mécanique et l'esprit esthétique qu'il recherchait pour son temple.

Colonne arborescer

La nouvelle colonne

Gaudí chercha pendant des années une colonne qui permettrait d'éviter l'usage de contreforts. Une de ses innovations consiste d'une légère inclinaison pour assumer de manière optimale le poids des toitures. De ce fait, il fit tourner son axedans deux directions pour obtenir une meilleure résistance et un effet esthétique spectaculaire.

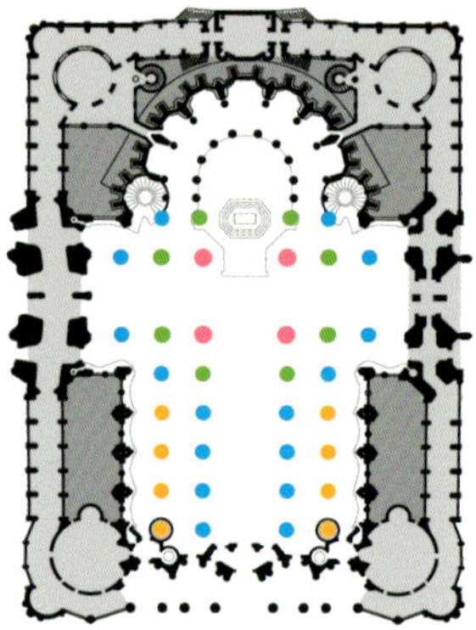

Plan des colonnes de la nef

DONNÉE

TYPES DE COLONNES DU TEMPLE

En relation avec le poids qu'elles doivent soutenir, Gaudí donna une base et un type de pierre différents à chaque colonne.

	Base de 6 côtés	Base de 8 côtés	Base de 10 côtés	Base de 12 côtés
	6	8	10	12
Diamètre	1,05 m	1,40 m	1,75 m	2,10 m
Supporte	200 ton.	1.000 ton.	3.000 ton.	6.000 ton.
Type de pierre	Montjuic	Granite	Basalte	Porphyre
Couleur	Gris clair	Gris bleuté	Gris foncé	Rougeâtre
L'image				

Une première étude
Gaudí fit des expériences avec des colonnes inclinées et hélicoïdales dans le Park Güell et dans plusieurs de ses œuvres.

La référence
Gaudí voulut amener à l'intérieur du temple la beauté et la sensation d'intimité que transmettent les forêts denses.

36
COLONNES
Soutiennent les voûtes de tout le temple. Les plus grandes sont les quatre situées dans le transept.

22,20
MÈTRES
C'est la hauteur qu'atteignent les colonnes les plus hautes. Les plus petites mesurent : 11,10 mètres.

La colonne arborescente

Gaudí voulait pour ses colonnes la robustesse et la beauté des arbres. Pour cela, l'architecte s'éloigna de la rigide verticalité, pour les incliner et les faire vriller en forme d'hélice, de la même façon que croissent les troncs. De cette façon, en arrivant à une certaine hauteur, les colonnes de Gaudí se ramifient pour soutenir de manière plus précise les voûtes qui couvrent les nefs du temple.

La nature comme maîtresse. Gaudí réussit de grandes prouesses architecturales s'inspirant de la nature.

?

QU'EST-CE QU'UN NŒUD ?
Les nœuds son les éléments de transition entre les colonnes. Gaudí les utilisa pour signaller le point où elles se ramifient.

COMPARAISON
NOUVELLE COLONNE CRÉÉE PAR GAUDÍ

Les styles
La colonne a vécu une évolution au long de l'histoire de l'architecture. Gaudí dédia de nombreuses années de recherche à la création d'une nouvelle colonne qui dépasserait toutes les colonnes antérieures, non seulement dans sa capacité de soutènement, mais aussi en beauté.

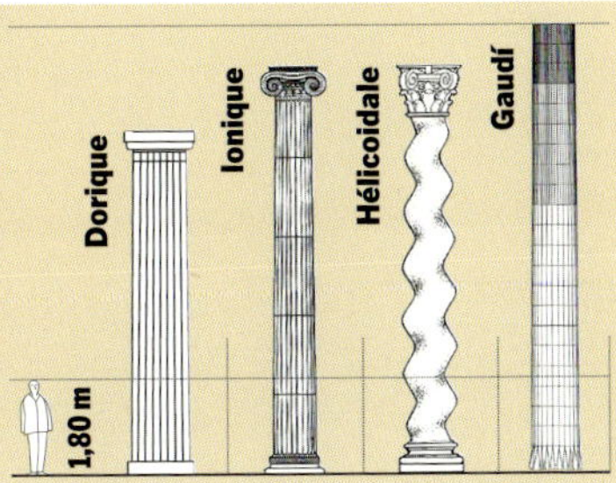

Les voûtes

En parfaite culmination de la structure arborescente, Gaudí transforma les voûtes du temple en feuilles de palmier.

Grande étud Gaudí dédia beaucoup de temps et d'efforts à la recherche de la solution parfaite.

Les voûtes

À la différence des anciennes cathédrales, dont les voûtes étaient robustes et devaient supporter beaucoup de poids, Gaudí voulut que celles qui couvriraient le temple de la Sagrada Familia soient légères et qu'elles permettent le passage de la lumière. Les voûtes naissent des colonnes arborescentes, formant des feuilles de palmier, symbole du martyre. Les ponts d'assemblage des feuilles, certaines concaves, d'autres convexes, permettent aussi l'entrée de la lumière.

Vue azimutale des voûtes Les voûtes de forme étoilée ont des orifices par lesquels s'illumine le temple.

1924

LA SOLUTION DÉFINITIVE Gaudí abandonna le système de voûtes nervurées en faveur de celui de voûtes hyperboliques.

Maquette d'étude. Original de Gaudí (1920-1926).

PROCÉDÉ

MODULATION DES VOÛTES

Les voûtes se forment par répétition de module. Ce système facilite la construction et allège la structure, chaque voûte ne soutenant ainsi que son propre poids.

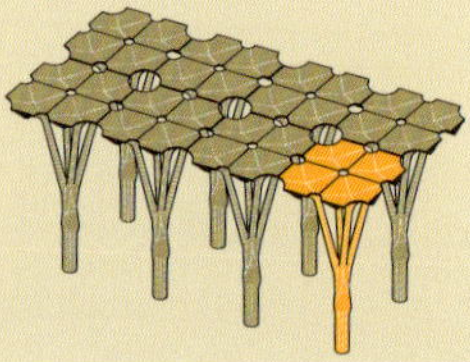

Maquette originale de Gaudí Comme le reste du temple, Gaudí utilisa des maquettes pour mener à bout les études des voûtes.

Simulation par ordinateur Les travaux actuels de construction combinent les vieilles maquettes et les technologies dernier cri.

Toitures de la nef centrale Étude de la toiture et des fenêtres, maquette originale de Gaudí.

Les toitures

Le toit de la nef centrale est composé d'une succession de pyramides, chacune couronnée par une lanterne et un réverbère, avec lesquels l'on arrive à 70 mètres de hauteur. Construites en pierre de Montjuic, elles seront décorées d'écussons, similaires à ceux des clochers, portant les inscriptions *Amen* et *Al-le-lu-ia*.

Voûte catalane. Elle est utilisée dans toute la nef centrale.

Emplacement des voûtes Les voûtes recouvrent le temple et sont à leur tour protégées par la toiture générale.

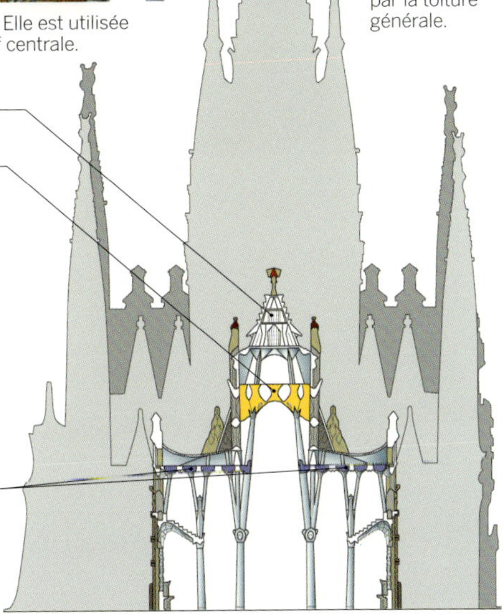

Toiture

Voûte centrale La voûte de la nef centrale s'élève à 45 mètres et se construit avec des carreaux de céramique, selon la technique de la voûte cloisonnée, aussi appelée voûte catalane.

Voûtes latérales Les voûtes latérales sont à 30 mètres et sont faites de béton.

L'éclairage

Gaudí utilisa la lumière pour obtenir des effets artistiques et accentuer le mysticisme du temple.

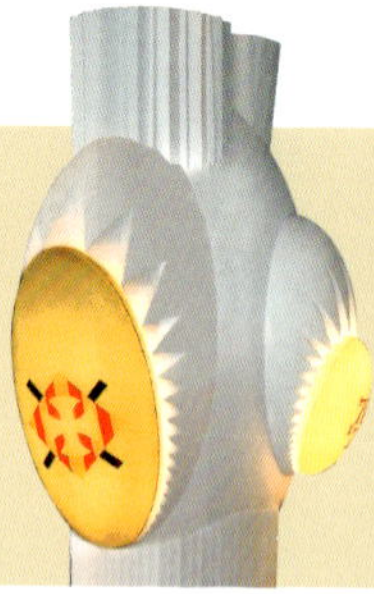

Le temple de la lumière
Les baies vitrées, les voûtes et, en général les sources de lumière furent créées pour illuminer l'intérieur du temple de la même manière que la lumière qui filtre à travers le feuillage d'une forêt. Gaudí recherchait une lumière harmonieuse, indirecte, qpouvant accentuer la plastique de l'architecture, en tout en permettant de voir la décoration et transmettre un sentiment de paix spirituelle.

Lumière naturelle
La lumière du soleil illuminera le temple d'une manière douce et harmonieuse grâce à la disposition des voûtes, qui servent de diffuseurs lumineux, et aux baies vitrées qui entourent l'enceinte.

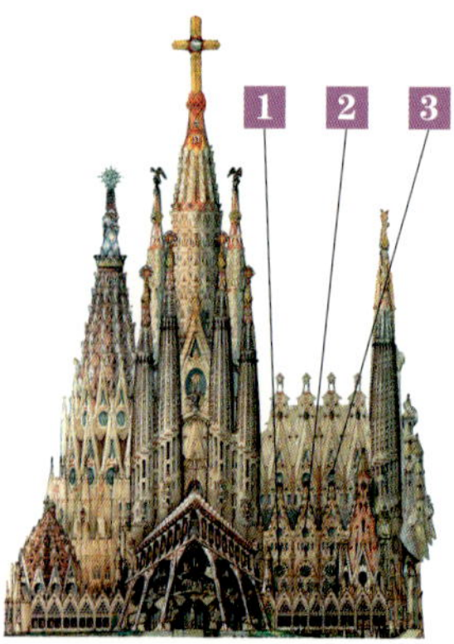

L'évolution des vitraux
En harmonie avec la quête artistique de leur auteur, les vitraux vécurent une évidente évolution, passant du néogothique de la crypte au nouveau langage géométrique abstrait que Gaudí appliqua aux baies vitrées de la nef centrale.

1

Gothique
Les vitraux inférieurs, malgré leur nouvelle forme, conservent une structure gothique, de forme typiquement alvéolée, avec une grande rosace circulaire.

Illumination électrique
Les appliques sont situées et créées pour éclairer de la même manière que la lumière naturelle.

> **“Dans un temple, il faut se contenter d'un minimum de lumière, car un temple est fait pour le recueillement, et les appliques trop puissantes distraient et dérangent”**
>
> Antoni Gaudí

DIFFUSEURS LUMINEUX
Dans les orifices des voûtes s'encastrent des diffuseurs inventés par Gaudí.
Ce sont des espèces de réverbères de maille métallique qui servent à diffuser la lumière solaire à l'intérieur et à illuminer la superficie des voûtes. Son autre fonction est l'éclairage artificiel du temple la nuit.

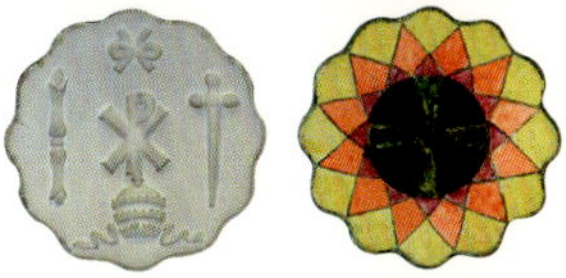

Diffuseurs de lumière. Les diffuseurs son décorés avec les anagrammes de Jésus, Joseph, et Marie.

Vitraux
De couleurs splendides et de contours prononcés, ils sont les œuvres de l'artiste catalan Joan Vila-Grau.

2

Géométrique
L'évolution vers une forme alvéolée donne lieu à de nouvelles formes géométriques qui finissent le vitrail par un fronton triangulaire.

3

Géométrie naturaliste
La dernière baie vitrée montre clairement le saut vers l'abstrait où le nombre d'élément se réduit à sa plus simple expression.

ÉVOLUTION CHRONOLOGIQUE DES TRAVAUX DU TEMPLE

Avec plus d'un siècle de vie, la Sagrada Familia a vu passer tout type d'évènement historique, pendant que ses travaux continuaient d'avancer.

1940, restauration des maquettes

La première pierre. La construction du temple commença le jour de la Saint Joseph.

Portail du Rosaire
La décoration du portail est terminée.

Clochers de la Nativité
Ils atteignent 82 mètres de haut. Ils seront terminés en 1930.

1882 1891 1897 1899 1915 1920 1940

L'abside
Après ceux de la crypte, commencent les travaux de l'abside.

Façade de la Nativité
On commence à installer les sculptures. Les premières sont les anges trompettistes.

Lettres sur la tour
On pose la première lettre du clocher de Saint Barnabé.

1903
Le Massacre des Innocents
Le modèle de plâtre a été utilisé pour l'étude. Il est reproduit en pierre plus tard.

1933
l'Arbre de Vie
Le cyprès se termine ainsi que la lanterne de la Foi de la façade de la Nativité.

1973
Les clochers atteignent 57 mètres
Les fleurons sont posés avec de la mosaïque vénitienne.

2004
Le temple croît
24 baies vitrées, 225 colonnes et 130 lucernaires ont déjà été mis en place.

Les nefs. L'intérieur est achevé et le pape Benoît XVI élève le temple au rang de basilique.

1954 1958 1973 1986 1995 1999 2010 2……

Façade de la Passion
La construction de la façade de la Passion commence à partir des dessins et des explications de Gaudí.

Construction des nefs
Les travaux des fondations des colonnes commencent.

Voûtes latérales
Les nefs latérales sont couvertes par les voûtes.

Voûte centrale
L'on construit les voûtes de la nef principale.

1958
Sculpture de la Nativité
Le groupe sculptural réalisé par Joan Busquets est posé le jour de la Saint Jean.

1978
Baies vitrées
Les baies vitrées extérieurs commencent à être élevées.

1990
Sculptures de Subirachs
Les sculptures de la façade de la Passion sont posées.

01. Nœud et voûtes. Comme un arbre, la colonne soutient un feuillage de voûtes. **02. Saint Georges.** Réalisé par Subirachs, le patron de la Catalogne est situé dans la nef centrale. **03. Les pierres.** Gaudí plaça des blocs de pierre de forme simple destinés à être sculptés ultérieurement. **04. Mur et baies vitrées.** Une galerie parcourt les murs intérieurs du temple. **05. Vitrail de la Nativité.** Le coloris des vitraux est observable de l'extérieur aussi. Oeuvre de Joan Vila-Grau. **06. Diffuseur lumineux.** Les orifices des voûtes abriteront les diffuseurs inventés par Gaudí. **07. Vitraux.** Les vitraux de la baie vitrée principale de la façade de la Passion. Œuvre de Joan Vila-Grau. **08. Larmes.** Situées dans la partie inférieure de la façade de la Nativité. **09. Voûte catalane.**

05

06

07

08

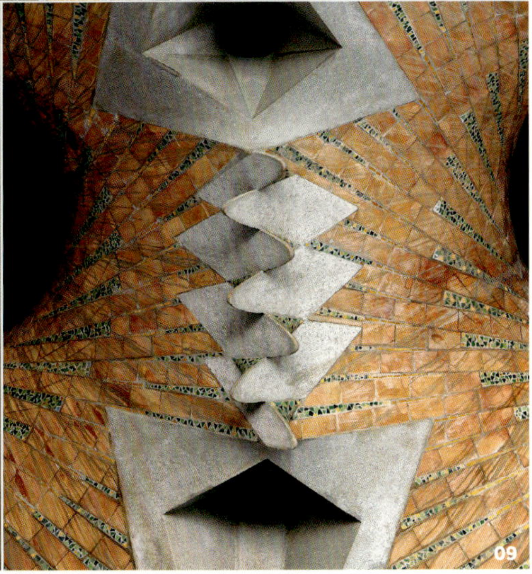
09

Sanctus
Sanctus

10

LES ÉCOLES

Les écoles

L'un des bâtiments les plus simples et ingénieux de Gaudí

Situé dans un coin de l'enceinte de la Sagrada Familia se trouve un bâtiment de petites dimensions et d'apparence modeste. Il s'agit des écoles qu'Antoni Gaudí conçut et construisit pour les enfants des ouvriers et des familles du quartier. La simplicité de cet édifice n'est qu'apparente car, comme dans toute l'œuvre de Gaudí, son extérieur reflète l'originalité esthétique de son auteur, et sa structure, des solutions techniques innovatrices.

Simple et rationnel
Les écoles furent construites entre 1908 et 1909 et furent utilisées comme centres d'enseignement pendant plus de 70 ans. Leur aspect externe est d'une grande simplicité, car leur destruction était prévue dès que le temple demanderait davantage d''espace. Gaudí voulait dépenser le moins possible. Ce qui distingue le bâtiment est la forme ondulée de la toiture et ses murs. Ces formes sinueuses octroient au bâtiment une grande résistance, d'une manière simple et rationnelle. Par exemple, les murs ont un aspect très rigide malgré le fait qu'ils ne soient faits que de deux épaisseurs de briques posées à la verticale.

Les toitures
Les vagues du toit permettent une évacuation originale et pratique de l'eau, de deux côtés.

Entrée
Vue de la porte qui donne accès à l'intérieur du bâtiment.

1936
PRENNENT FEU
les écoles ainsi que d'autres parties du temple de la Sagrada Familia, au début de la Guerre Civile.

> **"Les méditerranéens sont les seuls à comprendre la géométrie..."**
>
> Antoni Gaudí

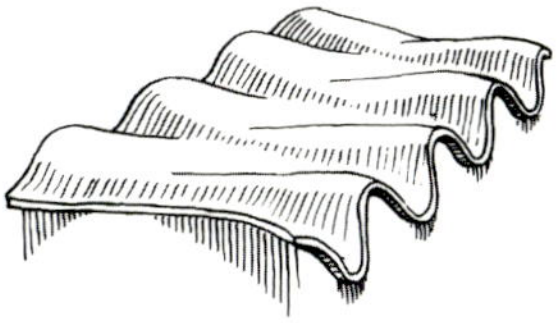

Dessins réalisés par ordinateur
Ondulation de la toiture et des côtés de l'école, où l'on peut apprécier la hauteur inégale des murs.

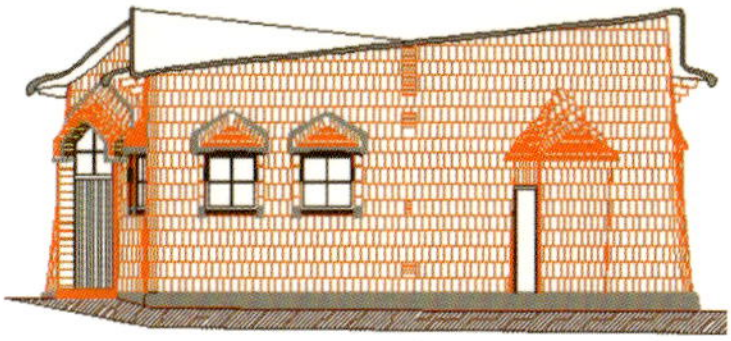

Le Corbusier en 1928
Considéré comme le père de l'architecture moderne, l'architecte suisse Le Corbusier resta émerveillé par les écoles de Gaudí lorsqu'il vit le temple en 1928.

9.000
PESETAS
le coût total de la construction des écoles. L'on dit que Gaudí paya de sa propre poche les 9000 pesetas de l'époque (à peu près 54 euros).

DONNÉES
MATÉRIAUX ET DIMENSIONS

L'école fut construite en brique, l'un des matériaux préférés de Gaudí. Sa hauteur maximale atteint six mètres et sa base occupe un espace de 24 x 12 mètres.

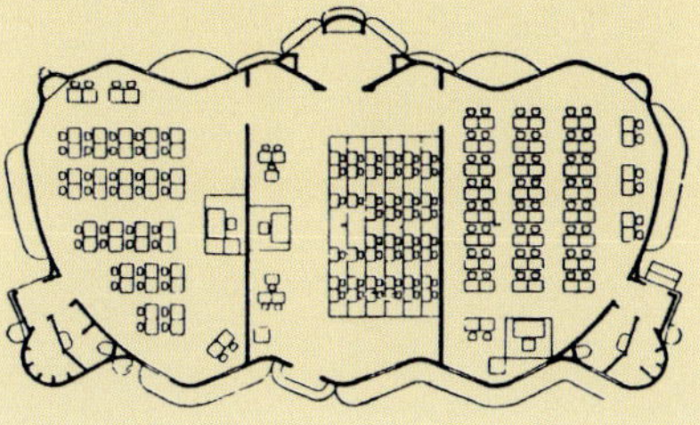

2002
CETTE ANNÉE LÀ
les écoles sont déplacées de quelques mètres afin de laisser la place aux travaux du temple de la Sagrada Familia. Ceci leur rend l'aspect original qu'elles avaient perdu.

Passé et présent

Au début de la Guerre Civile espagnole, les écoles subissent un incendie qui a de lourdes conséquences sur l'œuvre de Gaudí. L'aspect original est finalement récupéré lorsqu'elles sont déplacées en 2002. Depuis lors, elles accueillent l'exposition *Le chantier de Gaudí*, où l'on peut voir quelques contributions de Gaudí à l'architecture.

02

03

04

06

07

01. Fenêtres. Gaudí planifia la construction des écoles de façon simple et économique, comme le montrent ces fenêtres, car elles allaient être détruites quand les travaux avanceraient. **02. Toiture ondulée.** Cette forme sinueuse prête au bâtiment une grande résistance de façon simple et rationnelle. **03. Accessoire.** Situées à côté de l'une des portes d'accès, il ressemble à une sonnette. **04. Gouttières.** Les terminaisons du toit ondulé servent aussi à évacuer l'eau de pluie qui s'accumule sur la toiture. **05. Lampe.** Une des salles conserve encore les lampes de l'époque. **06. Salle de cours.** L'intérieur se compose de trois salles, d'une capacité totale pouvant accueillir jusqu'à 150 élèves. **07. Photographie historique.** Les écoles avant l'incendie de 1936.

GUIDE VISUEL DE LA BASILIQUE DE LA SAGRADA FAMILIA

ÉDITION

TEXTES
DIRECTEURS : CARLOS GIORDANO ET NICOLÁS PALMISANO
RÉDACTION : MARÍA JOSÉ GÓMEZ GIMENO
TRADUCTION : ISABELLE VILLANCHER

PHOTOGRAPHIES
PAGES : 7 (MONTSERRAT), 9 (RUE), 14, 15, 16, 22, 23, 44, 45, 46, 47, 60 (PHOTO PRINCIPALE), 62 (PORTAILS), 64 (PORTAIL, PHOTOS 6 ET 10), 68 (PORTAIL, PHOTOS 22 ET 26), 70 (PORTAIL, PHOTOS 34 ET 37), 72, 73, 75 (PHOTOS COULEUR), 76 (PHOTO 5), 83 (SOLDAT), 84 (PHOTO FAÇADE), 90 (PHOTOS 11, 12, 13, DÉTAIL ET JÉSUS), 92 (NICODÈME, PHOTOS 14, 15 ET 17), 94 (PHOTO 2), 99 (MONTSERRAT), 105 (JUDAS), 106 (VUE), 107 (CASTELLERS), 108 (BARNABÉ ET CLOCHERS), 109 (APÔTRES ET PHRASES), 116, 117 (PHOTOS 2, 3 ET 4), 123 (MURS, FONDATEURS ET FRUITS), 128 (PARK GÜELL), 129 (ARBRES), 132 (FORÊT), 135 (1954), 140 (ÉCOLES).
AUTEURS : CARLOS GIORDANO ET NICOLÁS PALMISANO

PHOTOGRAPHIES INTÉRIEUR DU TEMPLE ET MUSÉE
AUTEURS : CARLOS GIORDANO ET NICOLÁS PALMISANO

PHOTOGRAPHIES ET DESSINS D'ARCHIVE
PAGES : 3 (Nº 9 © PEP DAUDÉ. JUNTA CONSTRUCTORA DEL TEMPLE EXPIATORI DE LA SAGRADA FAMILIA), 5, 6 (BOCABELLA), 7 (EL PROPAGADOR), 8 (1928), 10 (DESSINS DEL VILLAR ET CRYPTE), 11 (PREMIÈRE PIERRE), 13, 19, 20, 21, 24, 25, 28, 29, 32, 33, 36 (DESSIN), 43, 45 (DESSIN), 46 (CHRONOLOGIE), 49 (1890 ET PHOTO PRINCIPALE), 50 (COUPOLE), 52 (DESSIN), 53 (DESSIN SACRISTIE, OBÉLISQUES ET DESSINS "HISTORIQUE"), 60 (ÉTUDE SUR MAQUETTE), 61 (ATELIER, MATAMALA, CHRONOLOGIE), 63 (1897), 70 (ÉTUDE SCULPTURE), 74 (NOIR ET BLANC PHOTOS), 75 (NOIR ET BLANC PHOTOS), 83 (FAÇADE), 84 (CHRONOLOGIE), 85 (SUBIRACHS ET RÉFÉRENCE), 91 (PREMIÈRE ESQUISSE ET HOMMAGE), 93 (DESSIN), 96, 98, 99 (DESSINS), 100 (CREDO ET FAÇADE), 1031 (DESSINS), 106 (1925), 111 (DESSIN ET CONSTRUCTION), 112 (QUINTANA ET DESSINS), 113 (DESSINS), 118-119 (© PEP DAUDÉ. JUNTA CONSTRUCTORA DEL TEMPLE EXPIATORI DE LA SAGRADA FAMILIA), 122 (INTÉRIEUR ET MAQUETTE), 124 (MAQUETTE), 125 (INTÉRIEUR ET CHRONOLOGIE), 126-127 (© PEP DAUDÉ. JUNTA CONSTRUCTORA DEL TEMPLE EXPIATORI DE LA SAGRADA FAMILIA), 130 (MAQUETTE), 131 (MAQUETTES ET SIMULATION PAR ORDINATEUR), 132 (DESSIN), 132-133 (PHOTOGRAPHIE CENTRALE © PEP DAUDÉ. JUNTA CONSTRUCTORA DEL TEMPLE EXPIATORI DE LA SAGRADA FAMILIA), 134 (1882, 1891, 1897, 1899, 1920, 1940, 1973, 1978, 1986, 1995, 1999), 135 (PHOTOGRAPHIE 2010 © PEP DAUDÉ. JUNTA CONSTRUCTORA DEL TEMPLE EXPIATORI DE LA SAGRADA FAMILIA), 140 (ENTRÉE ET 1936), 141 (DESSINS), 143 (PHOTOGRAPHIE 7).

DESSINS ET ILLUSTRATIONS
LES DESSINS ICI INDIQUÉS SONT PROTÉGÉS PAR COPYRIGHT
- PERSPECTIVES DE PAGES 23, 32, 34, 44, 48, 51, 52, 60, 84, 98, 107, 115 ET 122. PAGE 108 (VISIÈRES).
  AUTEURS : CARLOS GIORDANO ET NICOLÁS PALMISANO.
- DESSIN DU TEMPLE DE LA PAGE 21. AUTEUR : JORGE MARTÍNEZ.
- DESSINS DE CHRONOLOGIE PAGES 6, 7, 8, 9, 10, 11, 12 ET 13. PAGES 22 (1892), 62 (CAMÉLÉON), 74 (CHAMBRE PHOTOGRAPHIQUE), 109 (MOSQUÉE) ET 109 (MITRE ET CROSSE).
  AUTEUR : GABRIEL OREGIONI.

TRAVAUX D'ARCHITECTURE

REMERCIEMENTS
- JUNTA CONSTRUCTORA DEL TEMPLE EXPIATORI DE LA SAGRADA FAMILIA
- ARXIU DEL TEMPLE

HUITIÈME ÉDITION, 2011

ISBN
978-84-933983-6-1

DEPÓSITO LEGAL
B-35.010-2011

IMPRIMÉ EN ESPAGNE

DOS DE ARTE EDICIONES

www.dosdearte.com
info@dosdearte.com

BASÍLICA DE LA SAGRADA FAMÍLIA

AVEC LA COLLABORATION DE LA JUNTA CONSTRUCTORA DEL TEMPLE EXPIATORI DE LA SAGRADA FAMILIA